20.30.40歲 讓你每個十年都富有

郭勝安 著

前言

誰不想一輩子富有？

用五花八門的省錢花招——OUT！

拼命工作、充電，期待升職加薪——苦！

找到「一本萬利」的生財之道——危險！

交給全球目前正在興起的更積極的解決方案——「慾望管理」吧！

這門從服務員到CEO都在學習的技巧，能讓你的智慧與資產同時增值！

你是否有許多的人生夢想，有許多的長、短期目標。這些目標靠什麼來實現呢？無論你是不是拜金族，都無可否認，沒有強大的資金能力做後盾，夢想、生活都會在現實面前衣不蔽體。所以人們，需要用自己的財產增值來支持自己達成心願。這需要的就不僅僅是賺錢，而是怎樣「養錢」。

什麼是「養錢」？「養錢」就是理財。人們越來越在乎把自己的錢包放在哪裡。工作、吃飯、享受、理財已經成為現代人最重要的生活體驗之一。理財不是一時衝動，不是投機取巧，而是每個人透過學習和實踐都可以掌握的一門學問。富人還是窮人，不在於賺了多少錢，而在於你怎麼對待錢。

二十出頭，即將開創自己的人生天地，可是手頭沒有錢怎麼辦，揮霍無度？「月光」、「年清」？No，No，No，現在沒有錢不代表不應該理財，及早動手，快走一小步，就會讓別人望塵莫及。

人近而立，手上有了些積蓄。是存銀行坐冷板凳，還是買基金、炒股票、開創副業？手頭最近有點緊，是勒緊褲腰？還是借貸消費？自己創業是選擇跟風開網路商店，還是另闢蹊徑？人到三十，路標已經有了方向，把握好自己的錢包，要讓它日漸豐滿。

四十不惑，家庭事業穩定，怎樣讓生活更上一層樓。保險你有嗎？投連險你清楚嗎？養老你開始準備了嗎？大宗投資你瞭解行情嗎？如火如荼的房地產，你有信心分一杯羹嗎？來看看理財專家的建議，保險、投資這一深潭，讓你有能力如魚得水。

本書就是從以上三個年齡層來闡述精明的理財術，二十歲合理開支＋聰明儲蓄，把錢「養」出來；三十歲巧妙投資＋副業讓「理財」成為習慣；四十歲穩妥投資＋適度保險讓財務保持最佳狀態。為你人生不同階段量身訂製的理財方案，一輩子富有不再是奢望，而且什麼年齡開始都OK！

作者從一個個妙趣橫生的小故事入手，用輕鬆活潑的文字，深入淺出的道理向讀者娓娓闡述生財之道。全書詳細講解現金規劃、投資理財的基本知識和各種證券投資工具的風險和收益特徵、房產規劃、教育準備金規劃、保險規劃、養老等等理財的各個方面，消費者在購買保險時應避免哪些錯誤觀念，以及如何合理有效的選購保險。

本書分三個階段，來替讀者規劃三十年人生，全新的理財佈局，因人而異的理財建議，三十年奮鬥期的跟蹤規劃，讓這本書很有希望成為年輕一族奮鬥、創業階段中不可獲取的顧問、朋友。

CATALOGUE

可塑性強：合理開支，只花該花的錢

中篇：白銀時代：30歲「生錢」篇

延展性強：最好的「理財」方式是創業

CATALOGUE

下篇：黃金時代：40歲「保錢」篇

抗腐蝕：規避風險應為先，穩健投資「保錢」為上

保值性：保守才會有錢花，有保險，才最「保險」

FEDERAL RESERVE NOTE
THE UNITED STATES OF AMERICA
THIS NOTE IS LEGAL TENDER
FOR ALL DEBTS, PUBLIC AND PRIVATE
WASHINGTON
SERIES
1995
ONE DOLLAR
April
May

上篇

青銅時代

20歲「養錢」篇

熔點低

聰明儲蓄，把錢「養」出來

青銅熔點低，遇到高溫容易改變其特性。對於20歲的年輕人，抗誘惑的能力低，年輕力壯的我們，通常不把錢看在眼裡，善做「散財」童子。但如果你想做個有錢人，就必須把你的「熔點」升高，管理好你的慾望，合理開支＋聰明儲蓄，把錢「養」出來。

窮人跟理財無緣？

理財只是有錢人的事嗎？

理財只是高學歷、商人的事嗎？

理財只是成年人的事嗎？

不，在理財面前人人平等，理財這個問題關係到每一個人。只要現在有收入，即使錢再少，只要認真規劃，一樣可以加入理財俱樂部，關鍵就看你有多強的理財意識。

剛出校門的七年級生，由於經濟條件的有限以及閱歷方面的欠缺，大可不必像中年人那樣，一定要靠理財投資達到高目標。在談及理財的時候，經常會用一句話打發勸他理財的人：「我沒錢，也沒有閒錢可理。」這麼說也是可以理解的，但是理財的關鍵不在於你能賺多少，而是你能在多大程度上看好你的錢，不讓它們不知不覺地從指縫中漏出去。

「不積跬步，無以致千里；不積小流，無以成江海」，永遠不要認為自己無財可理，只要現在有收入就應該嘗試理財，日積月累，必然會看到意外的驚喜。

如果七年級生能夠意識到理財是一個循序漸進、聚少成多的過程，那麼「沒有錢」或「錢太少」不但不會是理財的障礙，反而會是理財的一個動機，激勵人們向更富足、更有錢的路上邁進。看看下面這個例子，七年級生們就會更加清晰合理理財的優勢了。

孟凡凡是典型的七年級生，跟其他只知道花錢不知道賺錢的孩子不一樣，她從高中時期就有意識地存錢，每年的壓歲錢、平時賺下的零用錢都存進了銀行。雖然後來上大學的時候知道了基金、保險等更好的理財方法，但是她還是很慶幸，因為她比別人更早開始儲蓄，這讓她有了不小的一筆積蓄。

轉眼上了大一，她開始有計畫的控制支出，幾乎每個月下來，花的錢都在自己的控制之中，這樣生活費又能省下來固定的一筆。她照樣把這些錢存進銀行。這種習慣一直延續到工作中。

工作後，她的眼界開闊許多，瞭解到要理財除了存銀行以外還有別的方法，例如基金、公債、股票等。這些種類看得她眼花撩亂，最終性格偏向保守的她選擇了基金，因為她知道自己現在的錢不多，而且抗風險能力也不太強，基金這種方式正好適合她。

兩年後，小有收益的她嚐到了投資理財的妙處。

在購買基金前，她做足了功課：先從同事那打聽一些他們的意見和經驗，從網路上瞭解一些基本資訊，查看基金公司的綜合實力排名，甚至找朋友諮詢了幾位基金經理的情況。而且會經常關注一些財經類的電視節目，瞭解基金發行情況。在這樣步步為營下，她買的幾支基金的報酬率都超過了5.5%，算是小賺了一筆。

孟凡凡的成功理財經驗可以看出，剛剛有收入的年輕人，一定要即時開始培養自己的理財意識，收入高的就多選一些較安全的投資，收入不理想的，就少做一點，但不能只臨淵羨魚，卻沒有念頭結網。其實，只要能慢慢堅持下來，總有一天你會收到意外之喜，慶幸自己當初的明智之舉。

每個人都有生活目標，理財是實現生活目標的手段。有錢要理，沒錢更要理。理財不在於你手裡有多少錢，而在於你怎麼打理這些錢，這就是

理財的學問。理財不僅是追求高收益，理財的真諦是解決自身的財務問題、使自己過得更舒服，擁有更大機會實現自己的人生目標。

大多數富人在財富的過程中，融入了更多自身的智慧和努力，所以他們相對來說更懂得理財，並且嚐到了理財帶給他們的甘甜。而根基尚淺的年輕人希望自己變得有錢，一樣可以透過理財來幫助自己。

理財的關鍵是財務規劃和投資規劃，在開始時特別要注意的是關注細節、把目光放遠。這很像整理房間：房間寬敞，自然需要收拾整理，而如果房間狹小，則更需要打理收拾，才能有更多的空間容納物件。人的空間越是少，房間就越需要整理，否則會越來越亂。

追根究底，我們都應該明白一個道理，理財這事，不分貴賤，是每個社會人的事情。無論當下有「多窮」，都要趁著年輕的時候仔細規劃，放長線釣大魚，總有收穫的一天。

做有錢人，先培養財富性格

每個人都有性格，性格在決定人類命運的同時，也決定了財運，而個人理財中也有不同的性格，它的性格也決定著自己的財運，培養自己正確的財富性格，進而走上通往理財順暢的陽光大道。

阿海和小魚是讀研究所時在一起的，畢業後不到兩年便結婚。婚後他們租了一間房子，過起「頂客族」生活。今年過年他們打算一起回先生阿海的老家，提前兩個月準備的時候，才猛然發現：兩年多以來，家裡竟幾乎沒有什麼積蓄！銀行那一點存款，算來勉強夠兩人的往返機票。太太小魚覺得自己的生活也算不上奢侈，因為兩人畢業不久，收入還不算多，所以「月光」也是很正常，至於所謂的「理財」是現階段有心無力的事。

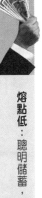

前不久，先生阿海聽了一個理財講座，感觸良多，私下和理財師進行溝通，理財師建議：理財不只是有錢人的遊戲，不論現在的收入有多少，都應開始做！做了才有期

待中的未來，剛工作不久的人，即使只是每月把薪水收入的十分之一用來儲蓄，就可以慢慢地讓財務狀況走上良性的軌道，有了一定的基礎，就可以考慮進行一些低風險的投資。

七年級生很多剛成立的家庭就屬於這種類型：他們工作經驗、人際關係的累積方面較少，收入也相對有限，面臨著住屋、生子、自我發展等多方面的壓力，這種情況下收入很容易所剩無幾，甚至入不敷出，成為標準的「月光族」、「年清」族。對七年級生而言，首先應培養一點一滴把「第一桶金」掘出來，不嫌少、不氣餒的理財性格。

姜先生畢業後，投資有道，短短幾年就在北部經營了三家連鎖的體育器材店。但是每天忙得天昏地暗，根本無暇打理自己的資產，他信奉的是實業投資，對金融投資毫無興趣，自己的資產和公司的資金混在一起，甚至在幾個銀行開有帳戶，每個帳戶裡有多少錢都不清楚。總之，錢全是押在銀行存款上，保險、養老金、未來的子女教育金也從未做過專項的籌劃。

年輕的姜太太是全職的家庭主婦，除了照顧五歲的孩子，基本上把時間都花在購物、美容、社交中，但慶幸的是他們逐漸意識到自家的財務狀況的不健康，而且在專業

人士的提醒下發現了許多的潛在風險。

像姜先生、姜太太這種對自己的薪水或經營性收入很有信心，有能力累積豐厚家業的家庭，或者退休後有穩定養老金的老年家庭，但是卻沒有更大的求富慾和較強的理財觀念，這種人需要培養的財富性格則是努力讓資產保值。

姜家這樣不願意接受高風險，唯一的目標就是資產不要貶值，不影響未來的生活品質即可，這種性格屬於保值的財富性格。他們可以公私分明地每月給自己發薪水，個人的錢要和公司的錢分開。同時盡量不要把資金分散地存在不同的銀行，應該整合到一到兩家銀行，達到一定額度成為貴賓客戶後，還可以享受一系列的優惠服務。如果有興趣，還可投資外匯理財等能夠保證本金安全的產品。

阿城天生喜歡冒險，有一種類似賭性的願意接受挑戰的生活態度。因為年輕，鬥志昂揚地工作幾年有了一定的積蓄，希望透過一定的投資來充盈自己的錢包。同時，他也有一定的理財知識，他很關注理財市場，對基金、證券股票等投資理財工具研究通透，膽子很大，一般10％以下的年報酬難以激起他的興趣，可謂初生之犢不畏虎。但是正因為他過分地關注收益，而忽視了投資的風險，高風險的產品自有它的價值和吸引力，同時也需要年輕人有能力駕馭，並且有超乎常人的風險承受能力。實際上，有些公司恰恰利用了阿城的「好賭」性格，以不切實際的高額收益為誘餌，憑空捏造了一些投資標的，滿腔熱血的阿城理所當然地上了鉤，最後只有理論，缺少實戰經驗的他自然賠得血本無歸。

很多七年級生的年輕人都有這種性格，滿腔熱情賺大錢，但可怕的是相當一部分人像阿城這樣，不知道它的風險有多大，在引誘下過分期待巨大收益。這種情況下，冷靜審慎，不盲目投資尤為重要，最好先諮詢信譽較高的專業人士，找出適合自己的理財計畫，再摸索著前行。

每個人的財富性格和理財方法都各具「性格」，是有「個性」的事物，只有兩者性格相合，才可能取得好的效果，從這個意義上來講，沒有完美通用的「財富性格」，要因人而異，仔細衡量後再出手，才會得到最佳報酬。

愛錢，先對錢負責

我們來做一個經典的理財心理分析遊戲。請一定要「身臨其境」的想像哦！假設你和一群陌生人隨意站在一個屋子裡，一群人做這個遊戲。那麼遇到下列情景你會怎麼做？

如果主持人要求你在這群陌生人中自由交談，你會怎麼做？

a、找個角落不引人注意的待著，看看陌生人們都在做什麼。

b、敵不動我不動，站在原地最為安全。

c、多個朋友多條路，趕緊加入聊天大軍。

主持人要求你拿出至少20美元到100美元鈔票參加一個遊戲，你會怎麼做？

a、掏出100美元——捨不得孩子套不住狼，玩把大的。

b、掏出50美元——利潤與風險，找個平衡點。

c、掏出20美元——上當也就損失20美元，不能再拿多了。

這時候主持人說，拿出的錢愈多，收穫愈大，你會怎麼做？

ａ、本來拿的挺少的，一聽主持人這麼說就換成了100美元。

ｂ、堅定信念，不受慫恿，就拿這些吧！不換了。

主持人突然要求你在五分鐘之內把自己的錢傳給別人，你會怎麼做？

ａ、聽從指揮，立刻找人把錢傳出去。

ｂ、不能吃虧，一定要尋找比自己鈔票面值大的人換。

ｃ、到人多的地方去，人越多機會越多。

ｄ、還是等著吧！如有其他人來跟自己換，不好意思不傳。

ｅ、到沒人注意的地方，都是陌生人誰也不瞭解誰，收到假幣怎麼辦啊？

主持人不停的要求把手上接到的錢再傳出去，不要停止，你會怎麼做？

ａ、接著聽吧！繼續快速地傳，只要身邊有人。

ｂ、找鈔票面值大的傳，堅絕不能吃虧，看見錢少的就跑。

ｃ、發現手上的錢少了，就不傳了，損失太大了。

ｄ、發現自己的錢已經比原來的多了，既然賺了，就見好就收。

ｅ、趁亂從別人手裡把錢搶過來，自己手上的錢不傳，錢這東西，只能入不能出。

ｆ、尋找幾個人組成小組，群眾力量大，一起去換別人的大面值鈔票。

遊戲結束時，最後你認為你手上的錢，是比原來的多，還是比原來的少，還是不多不少？

真實案例中，好玩的情形出現了，每個人掏出的數額、交換紙幣的方式以及交換到的數額不盡相同，而就在這些不同中，每個人的財富性格就顯現出來。在一場現場遊戲中有的人會躲在人群外旁觀，有的人會滿場飛，積極交換，場景十分熱鬧。

在一位理財家舉行的「實戰」測試中，最典型的是有一對企業家夫婦，雙雙拿出100美元參加遊戲，妻子的大鈔被別人用20美元鈔票換走，卻不好意思再去換別人的大鈔。而丈夫則被人「求」走了鈔票，結果兩手空空。對應的現實中，他們也是常常礙於面子損失金錢。妻子講，在沒有參加這個遊戲之前，他們並沒有意識到自己是這樣對待金錢的。

還有一個有趣的現象：小組中的四個人在幾分鐘之內迅速形成了聯盟，結果他們用最少的錢換回了幾乎所有人的錢。就這樣在陌生人面前，所有人的財富性格會顯現無疑。

要是你，你會怎麼選的呢？看看結果，一起來分析一下你和金錢的關係。

你對錢是否負責：

當主持人要求將手裡的錢傳出去的時候，你是不是聽從主持人毫不猶豫地就把錢傳出去了？傳出去的速度代表了你對金錢的態度，其實如果想要對金錢負責任，那就回憶一下是不是在任何情況下都能保住你的錢，你的態度直接表現了你面對社會的時候不同的狀態。

你掏出多少面值的錢：

你會選擇謹慎拿出最小面額的20美元參與還是礙於情面想要擺闊的拿出100美元，顯現了你在生活中，是否在未來趨勢發展不明的時候，就開始冒風險投資。

你被告知拿出的錢越多，學習收穫越大：

這是檢驗別人的行動對你的影響，就如同現實生活中每天都要面對外界的各種誘惑。你是否在面對誘惑，並沒看見實際的情況下，願意承擔更大的風險；你是否相信別人所說的投入更多會獲得更大的報酬。透過這些測試，能看出你的投資偏好是激進型的還是穩健型的。你是喜歡一點點的積攢小錢變大錢的人，還是投機冒險，追求賭博式的刺激。

你被要求自己的錢向別人傳出去：

這在某種程度上解釋了錢的作用，在經濟社會中，錢充當的是一般等價物，是一種流通工具，是用來互通有無的工具，金錢只有當它在流通過程中才會產生價值，這個測試暗示出你是個喜歡固守資產，還是喜歡獲得更大價值的人。

而收到的錢又被傳出去，就像在現實生活中，做生意需要不停的投資，生意才能越做越大，一般情況下的人是第二次更容易給出去，因為這個不是自己的本金，也因為有第一次的成功經驗，所以你知道只要這個測試不停，你就有機會把自己的錢再拿回來，因此在心理上，人們第二次更容易接受到手的錢傳出去。

整個測試直接反映了人們在現實生活中的理財態度。獲得財富的道理實際上很簡單，賺錢的速度與人對金錢的控制以及使用能力有直接關係，只有學會使用金錢才能獲得金錢。

設定目標再前行

志祥是個急性子的七年級生，跟風開始了理財。在網路上找到一位自己甚是滿意的理財師後，便請教起理財之道。他跟理財師介紹一下自己的財務狀況後，便問對方：「我該怎樣理財？」而對方反問：「你的理財目標是什麼？」志祥一臉茫然，一頭霧水，情急之下乾脆來了一句：「就是錢越多越好。」

這說明，在志祥心中，根本沒有一個明確的理財目的和計畫。

做到、得到的前提是想到。怎樣想到，就是制訂一個理財目標，有目標才會有計畫，才會有動力。所以要理財，制訂一個精確且可行的目標很關鍵。之後再按部就班地去履行，就不會走冤望路。如果沒有目標，或者目標模糊，那麼在跟著感覺走之後，理財結果就是事倍功半。

理財師詢問志祥想透過理財實現什麼願望時，志祥向理財師講述了自己的願望，例如，他想在孩子出生之前跟老婆換一間大房子，孩子高中畢業後，自費也要送孩子出國念書，最後就是退休之後能夠跟老婆周遊世界，做一個快樂的退休老人。聽到這些，理

財師皺起眉頭。

不要將理財目標等同於生活目標，並以此來衡量自己理財的收益水準，這是不切實際的。

每個人都有許多美好的願望，但是應該看到，願望的實現完全取決於個人實際情況。每個目標都有輕重緩急，有些是必須的，例如購屋、買車，而有些是可以延遲或者取消的，例如開個牧場、世界旅行等，就看每個人如何在其中做出抉擇。

通俗點說，理財的目標必須有時間性並且可以拿具體數額衡量。以志祥為例，想在20年後成為千萬富翁、希望10年後購置一間600萬元的房子、每月給孩子存15000元學費……這些都是清晰的理財目標，具有現金度量和時間限制兩個特徵。把自己的目標明確化，並把其轉換成數字和時間才是理財準確有效的方法。

大學剛畢業的俊宏今年23歲，在一家大公司工作，每個月固定收入三萬新台幣，手機費生活費加起來一萬新台幣。加上爸媽留給他的錢，他手裡共有存款60萬新台幣。由於剛剛畢業不到一年，還沒有能力購屋，現住公司租的房子，所幸的是沒有任何負債。

他的理財目標，說高不高，說低不低，一般來說是略高於平均線的。有難度，但是

難度不是很大。他手裡有一些定期存款閒置下來，他想利用這些資金買一間房子，因為結婚以後，小倆口再住在租來的單人房間裡就太不合適了。而且如果理財得當的話，他還想買一輛50萬新台幣左右的家用車。

理財師對俊宏所做的規劃為：俊宏現在在人人欣羡的大公司工作，工作相對穩定，收入中等。並且，俊宏是做對外工作，工作繁忙，並沒有過多的時間來打理金錢。他的投資金又僅是自己的多年儲蓄，並沒有其他的依靠，所以抗風險能力一般。理財師建議，俊宏不要急於炒股，因為這種方式過於急進。俊宏最好先買些基金、債券等，這些投資偏向於中、短期的，比較穩妥。俊宏原先看中一些匯率理財產品，但是最近一段時間，匯率不穩定，這些產品的收益率呈下降趨勢，所以理財師建議他放棄這些產品，用手裡的閒錢購買一些基金、債券。

至於他的購屋、買車規劃，理財師建議，俊宏每個月有近六、七千元結餘，考慮到當時的房價，而且他是一個人住，建議購買一間小一點的房子，空間在18坪左右比較適宜。他可以從剩餘的活期存款中取出房子的頭期款。

而說到買車計畫時，理財師認為這方面目前還屬於俊宏能力之外的目標。雖然俊宏有購車的打算，但是受自己能力的限制，最好不要和購屋同步進行。如果俊宏再申請車

貸，也不是不可能，但是這樣一來，俊宏每月的自由資金就顯得相形見絀了，如果遇到突發事件，則力不從心。

像志祥、俊宏這樣的年輕人剛進入社會，購屋、結婚、生子等重大事情都有待解決，這個時期一般會持續五年左右，這時候也是家庭的財富累積期。最好能讓自己按照先積蓄、後增值、再購屋的順序，制訂自己的理財計畫。而且，由於缺乏理財知識和實際經驗，七年級生在確立理財目標時，第一個目標的「門檻」不要太高，所需的時間在三年之內最好，當達到第一個目標後，就可訂下難度高一點、花費時間約五年的第二個目標。比如對一位月入兩萬新台幣的公司職員來說，在一年內給自己買一個心儀的3G筆電，比在兩三年之內給自己在這座城市裡買一間小套房來的實際得多。而七年級生們要注意，在理財規劃中，長期規劃和短期規劃的實現方法是不一樣的，不要用實現短期目標的理財方法去完成長期任務，也不要用實現長期目標的理財方式來實現短期目標。

理財師建議可以根據投資年限進行搭配。在短期內，例如兩三年之內要實現的，可以選擇公債和收益率穩定的基金等；中期的，例如五年左右的，可以選擇相近期限的公債，接近面值的可轉換為債券或有明確風險控制成效的基金等；長期的、高於五年、十年左右的，可以考慮炒股，或者購買一些平衡型基金和股票型基金。

正確的理財步驟

剛畢業的李楠也算是個同齡人中的佼佼者，她有著穩定的工作，收入中等，然而卻是個不折不扣的月光族，每到月底，都要度過囊中羞澀的一段日子，經常在月底的時候最害怕接到房東的電話，或者是房東上門催租，這天晚上李楠拖著疲憊的身軀回到家，看了看掛在牆壁上的寫真照片，剛發薪水的時候買的，花了她很多錢。正欣賞著，房東先生的叫門聲響了：「李楠小姐，三天之內妳再不繳清房租，就請妳搬走。」她只好打電話跟父母親朋借錢交租。

李楠覺得最困惑的就是，為什麼同事都能存住錢，自己卻月月光，其實自己也沒花什麼大錢啊！每天上班還都是坐公共交通工具，最大的樂趣不過就是逛街，最大的奢侈就是忙碌了一天喝一杯星巴克的咖啡。她平時辛苦工作，閒暇時買件衣服犒勞自己無可厚非。

李楠每個月最期盼的就是發薪水的那一天，而最痛苦的則是收到信用卡帳單，每個月零星的花費加在一起就是個巨大的數字，壓的她喘不過氣。

「難道我對理財沒天分？為什麼理財這麼難？」李楠的問題實際上是一個代表，很多剛剛開始工作、自己賺錢的人不知道如何花錢。想要學會理財首先要明白一個道理，你要知道理財要長時間的累積，理財不等於發財，理財是透過一定的方法，改善自己花錢的習慣，把一些沒有必要的，或者是可以避免的支出節約下來，做有意義的投資。理財習慣的養成最好與生活習慣相結合，達到隨時理財、處處理財的目標。理財一定不能三天打魚兩天曬網，理財是個長期的，可以慢慢學習的過程，具體可以分為八大步驟。

步驟一：排除惡性負債，控制良性負債

惡性負債是指出乎意料、無法控制的負債，例如意外傷害、疾病、車禍等，這些事件引起的負債都屬於惡性的，惡性負債不受個人控制但是透過買保險就可以降低因意外所導致的損失，進而排除惡性負債。

良性負債就是可以自己控制的負債，通常出現在人們為了一個長遠目標，暫時無法一次支出，但是又有支出必要的負債，通常人們在無法一次付清的時候就會出現良性負債，但是良性負債是在人們每個月的收入中有能力償還的負債。也就是說，貸款購屋、貸款買車等等，有屬於個人收入之內的。

步驟二：關鍵時刻找專家

把理財交給專家是最合適的，你可能是賺錢的高手，卻不一定是理財的高手，專家的工作就是全心投入理財工作中，有效提高你的投資收益。他們比你更專業、更有時間，扣掉佣金後會讓你賺得更多，何樂而不為。但是在把錢交給專家理財之前，要確定這位「理財專家」是否會以自己最大利益為最終理財目的，要考核專家的專業度，確定他會把你所投資的錢在你指定的時間回到你的口袋中。

步驟三：設定目標再向前衝

前一節講過了，理財目標最好是以數字衡量，計算自己每月可存下多少錢、要選擇投資報酬率是多少的投資工具和預計多長時間可以達到目標。有目標，行動才不會「離題」。

步驟四：「利滾利」、「錢生錢」

很少人相信這句話：錢能生錢，意即「錢」生「錢」總比「人」生「錢」來得直接有效。

那麼如何去錢生錢呢？首先，當然要擁有「第一桶金」做為第一筆驍勇善戰的母錢，然後用這筆母錢產生「錢子錢孫」。但是這「第一桶金」應該怎麼來呢？生活中人們常被「清倉大減價」、「免年費信用卡」等誘惑，只有跳脫這些誘惑，避免不必要開支，才能節省下不必要支出，賺下第一桶金，自己的儲蓄才能像滾雪球一樣越來越大。

步驟五：養成良好的理財習慣

剛剛開始賺錢的人最理想的理財方式就是強迫自己每天存一點錢，放在看得見的地方，並且每天記錄下來自己的開銷，記錄下來自己節省了多少，讓自己隨時看到理財的成效，並鼓勵自己繼續下去。記錄是讓自己養成記帳的習慣。避免不知道錢都花哪裡去的現象發生。當你每天的一點點累積到一定數量後，有了第一桶金，就可以請理財專家，可以養成存錢理財的習慣。

步驟六：從基金開始投資

因為許多投資工具是有投資門檻的，所以投資最好從買基金開始，相較股票，基金的風險比較小，隨時可以抽身出來，藉由基金公司的投資能力來幫助毫無經驗的自己，

透過償付一小部分佣金來累積日後自己理財投資的成本。

步驟七：定期檢查

每經過一段固定的時期就要自我檢查，自我檢討，看看自己近期的理財有哪些可取性，哪些需要改善，將之前所做的理財規劃投資步驟進行整合後，就可以瞭解自己在理財過程中定期檢視成果的重要性在哪裡了。透過不斷總結，就可以逐漸找到適合自己的理財計畫了，理財計畫必須結合自身的獨有特點。沒有最好的理財計畫，只有最適合自己的理財計畫。

步驟八：策略隨狀態改變

理財策略並不是固定不變的，隨著收入、固定支出、社會大環境的變化，所處條件的不同，理財目標和策略也有所不同。人生在少年及老年期，由於沒有工作能力，支出必然大於收入。至於壯年期，工作能力正旺，要懂得未雨綢繆，雖然收入增加了，但是儲蓄也應該相對增加，避免日後需要用錢的時候，才發現多賺的部分都被消費掉了，所以投資策略要根據不同時期的具體情況做出相對調整。

理財，不是隨心所欲，而是堅持到底

許多七年級生有可能會覺得現在由於剛剛步入社會，覺得到處都要用錢，想存點錢都有難度，更不要說理財了，還不如等將來收入比較穩定時再開始。

其實，這種想法是比較偏頗的。早理財早受益，現在早一年開始理財有可能頂得上後面幾年。舉個例子來說，阿財、阿凡兩人都是每月存兩千元，只是阿財比阿凡早開始一年，經過25年後，如果以5％的投資報酬算，阿財可以拿到大概135萬元左右，而阿凡只因為晚了一年，只可以拿到127萬元左右。兩個人報酬的差額竟然是8萬元！這已經遠遠高於兩人相差一年的投資額24000元，這是為什麼呢？

這就是複利的魔力，用複利計算，每次投資的收益都可以滾進本金，參與下次投資，這樣利滾利隨著年限增加，收益率也逐漸增高，複利的神奇效果也就越明顯，所以阿財和阿凡的差異才會那麼大。所以說猶豫不決是累積財富的最大阻礙。因此早做行動才是理財的上上策，其實年輕時的存錢能力其實要高於年長時，因為沒有「夾心層」的負擔，主要是看自己如何打理了。

缺乏耐性，是現在年輕人理財的大忌。年輕人一般都以有熱情、腦子活為本錢，但是不要只看這些，還要注意自己有哪些弊端。前面說過，理財不是一蹴可幾的，細水長流，集腋成裘，長時間累積才是根本途徑。在理財之初沒有樹立這樣的認知，沒有養成持之以恆的習慣，不但很難實現預期的目標，而且易於喪失信心，走入「理財無用」的錯誤觀念。

琪琪去年畢業後，因為學的是工科，便在老師的介紹下進了一家配件廠做實習生。實習期間的薪水只有全薪的八成，一切都顯得捉襟見肘。但是琪琪很有心，她沒有把賺來的薪水亂花，而是買了定期投資的基金，她很有理財意識，覺得理財應該越早越好。在比對了很多家理財產品之後，她最終選擇了一家，以一定數額資金做定期投資。在別人眼裡，這些投資可能微不足道，但是琪琪卻不以為然，她覺得即使少也很值得。現在薪水比較低，更要學會賺錢，把習慣養成了，以後薪水調漲後，就不會揮霍無度的，也給自己留了儲蓄。

之所以選擇基金定期投資，是因為想要投資，做股票風險太高，並且琪琪也沒有那麼大的成本；做儲蓄的話，收益率太低，不值得。而且基金定期投資也有強制儲蓄的作

用，每個月存一點，年限跨度大，這樣既增加了收益率又降低了風險。

雖然基金有這麼多的優點，但也不是百分之百的有盈無虧，還得根據市場週期來判斷，然後再確定定期投資年限。琪琪在行家的指導下瞄準了證券市場三年內的牛市行情，那麼她就把定期投資期限設為了三年，進而避免到手的利潤在投資環境變差的時候大打折扣。

在確定定期投資方式後，就要一門心思走到底，不要漂浮不定，尤其是每個月的定期投資額度。每一行都有每一行的規矩，都要嚴格遵守，做基金，就要以簡單的投資方式，長期的投資心態去應對，不要遇到什麼事情就搖擺不定，很容易得不償失。另外，要選實力強、經驗多、有發展前景的基金公司。同時，從分散風險考慮，不要把定期投資的這些雞蛋放在一個籃子裡。

琪琪的另一個做法就是定期定額投資基金時，

確定了贖回時機。如果正好碰上市場重挫、基金淨值大跌，那麼之前累積的收益將大打折扣。所以幸運的琪琪聰明地把握住了贖回時機。年輕人如果和琪琪的現狀相似，完全可以選擇基金定期投資這種方式。

同時應該注意的是，如果選擇了基金定期投資方式來進行投資理財，就應當聰明的鳥兒先飛，早些開始。定期投資一般需要兩年以上才能看出成效，定期投資的時間越長，越能夠充分表現定期投資的優勢，所以說做定期投資「長期堅持」很重要。

因此，不管是定期投資基金或者是其他理財方式，七年級生們一定要樹立長期堅持的觀念，並把這種堅持的習慣融入到自己的生活當中，應該明白理財實際上並不是單純的打理財產，它更是一個人生的長期規劃，甚至可以說是一種生活態度的定位和價值觀的確立。

七年級生的特點都是目前的收入較低，剛剛畢業不久，事業還在打基礎。實際上，從工作的那一刻起，理財就應當是「進行式」了。七年級生的理財並非一定要獲利，要賺多少多少錢，更多的是要培養一個儲蓄和理財的習慣，先累積資金，把經驗賺足，再想著賺大錢。

首先，最先要做的就是省錢，對七年級生來說，節流優於開源。該花的錢不能省，不該花的錢不能浪費，這樣就可以有一筆不必要的開支，剩下的便是賺到的。

其次，就是存錢，強迫自己每個月固定存一筆錢。這時要注意，是要先存款，再消費。千萬不要等到月末剩多少存多少，這樣很可能會功虧一簣，到了月底發現什麼都沒了。

最後，再想到投資，在扣除每個月的儲蓄和靈活機動的資金後，將之用於做一些投資，比如購買保險、基金、股票等。

理財，貫穿於每個人的一生。每個人的賺錢能力有強弱之分，理財能力更有高低之分。理財是一種長期的堅持，養成「消費＝收入＋儲蓄」，即先儲蓄後消費的習慣，總能存下錢來；理財是一個集腋成裘的過程，堅持將收入的一部分做安全投資，總會有意想不到的報酬。總而言之，理財是一件先難後易的事，關鍵在於堅持。

把握自己，從眾為下

對一個收入總是少於支出的職場新人來說，只有投資自己，才能夠把自己從「草莓」變「荔枝」——越活越勇敢，越活越享受。

阿陽回國後，聽說有一位員工因為炒股失敗，欠下鉅額債務無力償還而自殺後，感到很惋惜，對這個生命當初選擇的方式，以及之後的處理方法都感到很遺憾。因為他的前期經歷與這位自殺者極為相似。他成績優異，出國留學時兼職賺錢，學成歸國，事業有成，投資理財。但是兩個人的命運卻遠遠不同。阿陽自己由外表光鮮，內心脆弱的草莓變成內心有料，外殼強韌的荔枝，累積了不少經驗。

首先，把自己當成潛力股，不為小利而止步。

阿陽20歲出頭就到澳洲留學。剛到一個陌生的國度，阿陽和很多中國留學生一樣茫然但是充滿希望。高中學習的慣性讓他在一開始時將所有精力都用在學業上，他當時認為，理財的首要還是要投資自己，不要因為賺一點蠅頭小利而耽誤了前途。那時他身邊

的同學朋友陸陸續續開始打工，也沒有讓他動搖。但是漸漸的他發現這邊的消費水準跟他原來的設想差距很大，他決定騰出一部分時間來兼職。

因為前半年的努力，給他打下了一個好基礎，他的優異成績讓他很快在學校裡贏得重視，這也給他的兼職之路打開了一扇門。接著他諮詢同學，百般打聽，發現自己的閉關苦讀差點堵上了自己跟外界交往的道路。

透過朋友他慢慢瞭解到一些打工的資訊，這裡的打工途徑五花八門——酒保、秘書、社團，甚至在紅燈區兼職等等。他算了一下，因為澳洲有最低薪水保護，522澳大利亞元一週，所以一個月下來，每星期打工時間，可以把生活費和房租都賺回來，還能剩餘不少。

但是他沒有選擇這些地方，他認為打工不僅是為了混口飯吃，更多的是為了培養自己，為以後的發展鋪路，於是，他想到了他的導師，他希望能在學術範圍內找一份兼職，這樣既可以賺到錢，又不耽誤學業。

他的導師是法國人，在澳洲很久了，她是對學生最熱情也相當敬業的一個人。她看阿陽穩重踏實，於是開始讓他幫忙做一些行政上的工作，比如編排課表，舉辦學生代表會議之類的，然後按大學的價錢給他按小時算，這個時候他的薪水是2500澳大利亞元每

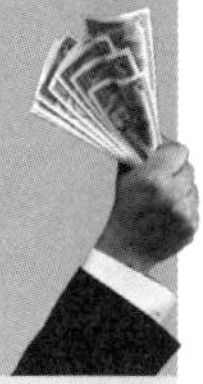

週——比最低薪水高出6倍，而且如果有交通和通訊費用是可以報銷的。一個月下來大概有個1萬多澳大利亞元。更可喜的是，這些工作輕鬆順手，每個月還有其他的時間複習和娛樂，他很滿足。

其次，鈔票厚度取決於積極性。

畢業後由於成績優異，他被導師推選成學生代表去跟校長會面。為了這次不同尋常的會面，他還專門去買了套裝。隨後他很幸運地獲得了一份工作，那家公司許諾給他辦簽證。當時他並沒有打算留在異國他鄉，準備回國，直到老闆說出薪水數額的時候，他目瞪口呆——其實，後來才知道他的薪水也不過是澳洲畢業生的平均薪水水準而已。

澳洲公司的工作效率很低，只因澳洲福利保障好，維護員工的權利，以致大家都忙著享受生活，工作節奏慢，經常給老闆打電話說不來上班了。但是按澳洲的法律，薪水是照拿的，因為度假的事情比天都大，手上的工作沒有做完無所謂，但度假絕不能耽誤！為了工作而犧牲自己的假期會被人當成瘋子的。所以，本來有心做點事情的他，覺得不適合自己。他還很年輕，不想跟他們一樣浪費時間。

於是他開始尋找工作以外的機會。因不想偏離自己的專業，所以又跟他導師聯繫

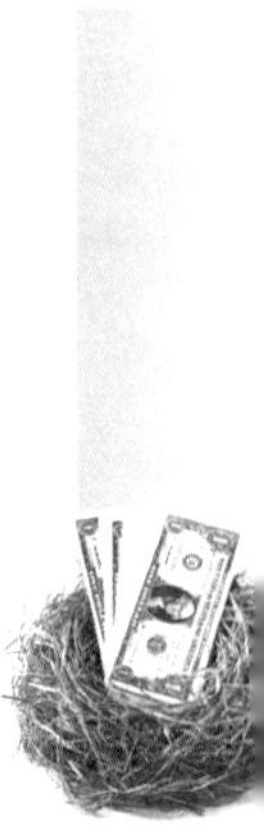

上，問她他可不可以有兼職的工作機會。她那個時候正在做一個研究，剛好缺人，於是給了他兼職機會。每兩、三天去一次，幫她做研究助手，有時候還會代一些低年級生的課，然後她還專門給他準備了一個小小的辦公室，有他的電腦和盆栽。有了這份工作，薪水上又大幅調漲了一些。

最後，業餘時間決定財路寬度。

前一份工作之餘，他又聯繫上另外一個教授。那位教授在澳洲做研究已經很多年，業務面很廣。導師欣然接受了他，有機會就讓他去跟班，他也會從中提成，導師給的價錢很大方。就這樣他就又騰出一份時間，打了第二份工。每個月又樂了一筆進帳。

做研究的利潤很大，有時候一場會議專案做下來，比他半個月薪水還多。所以慢慢的，累積越來越多，經驗也越來越多。他決定在下一步把他目前的全職工作轉成兼職，然後集中精力發展另外的兩份兼職。

他沒有像大多數人那樣透過克制自己來省錢，或者買股票或者買基金。他堅持只要不浪費，該花的還是要花——特別是要在培養自己能力和知識方面，給自己投資。人花兩樣錢是不要猶豫的，一個是給父母花錢不要猶豫，再一個就是培養自己不要猶豫。如

果只是為了賺錢而兼職，那麼自己的職業生涯也走不遠。

如果自己在職業上沒有規劃，不培養自己來尋找更好的機會，那麼就永遠得從自己手裡有限的薪水裡積攢，那樣意義不大，靠省錢當不了有錢人。

他一直相信一個人下班後的四小時，就決定了他人生的發展、成就和命運。有人下班後總窩在沙發上看電視，有人游泳練身體，有人學習新技能。你可以明顯想像他們的未來會有多不同。所以，在自己沒有什麼錢財的時候，投資什麼都不如投資自己。

他每天除了正常的上課之外，把課餘時間全部利用上了。兼職、充電，不斷的提升自己，用這些業餘時間來拓寬自己的財路，也拓寬了自己的職業之路。

信用卡就像他們的腳鐐？

小妖是個典型的卡奴，錢包漂亮，看起來鼓鼓的，許多卡堆積一起，好像個富婆。消費的時候，「啪」地一聲瀟灑的把它打開，色彩繽紛的卡讓你眼花撩亂，接下來就是「喜刷刷」的shopping，彷彿花的不是自家錢財。

小妖是怎麼想的呢？她薪水不多，決定不把雞蛋都放同個籃子裡。一到發薪水的日子，她就把所有的信用卡、消費卡都存上一些。像超市的會員卡，這個月有週年慶，一定得存一些，因為會有特價；而買的保險得存上一些，這個是不能少的；有商場每兩個月消費滿五千，就會送整套的瓷器，太合適了，為了這些禮品，也得去消費……

除了信用卡，小妖的錢包裡什麼名目的卡都有。上個月去一家美容院做護膚，人家告訴她如果辦一張貴賓卡，消費滿八千，以後就可以打八折了。小妖算了一下，他們家的護膚服務貴的要死，如果能打八折，那可賺了。就這樣，她的錢包裡又多了一張護膚貴賓卡。緊接著，在某店買了條牛仔褲，營業員也給了張積分卡，說每次買他家的褲子都做上了記錄，滿10條，就可以免費任選一條褲子，結果她又多了一張消費卡。

就這樣，小妖成了名副其實的「卡奴」。別看她穿著亮麗，渾身名牌，可是每個月為了償還帳款而奔波受的苦又有誰知道呢？別說理財，就是應付生活都手忙腳亂，在別人眼中，「卡奴」都是被腳鐐扣住寸步難行啊！

但是「卡奴」生活一定很悲慘嗎？未必！

嘉麗經常調侃自己是個標準的「卡奴」，說她有刷卡依賴症。29歲的嘉麗在外資銀行上班，且是業務骨幹，收入頗豐。

早在大學時代，她就在促銷員的介紹下辦了一張信用卡，起初她也很興奮，但是時間一長，不便之處就顯現出來。她用處不多，月底卻要跑到銀行去繳款，實在是麻煩，於是她的第一張信用卡在處女秀後就退休了。

工作後，保守的她已沒有在信用卡上做過打算，但是一次偶然的網購，讓信用卡重新進入了她的生活。她想買一台數位相機，苦於價格過高，最低的也快超過她一個月的薪水，心疼卻又心動。這時在準備付款時，她發現付款方式上有信用卡可以分期付款的方法，這讓她眼睛一亮。

她仔細打聽後，發現不僅可以分期付款，還可以免息，手續費也划算，她決定先辦一張信用卡，回來再訂下了這款相機。她選擇了18個月免息分期付款。這次購物以後，

嘉麗開始慢慢體會到刷卡的好處，從此便一發不可收拾。因為信用卡有免息期，她便盡量在免息期內所有的購物都刷卡，甚至在超市幾十元的日用品，她也選擇用信用卡結帳。不僅可以享受積分優惠，還可以做為帳單。年底的時候，若運氣好，還可以參加抽獎，這讓她樂了好久。

嘉麗現在對自己的帳目也清楚多了。以前不知不覺中花了不少錢，糊塗得很，根本不知道錢花到哪去。現在每個月都會收到對帳單，就知道什麼錢花得對、什麼錢不該花，慢慢地對花錢也有了節制。

使用信用卡還有個問題就是她有時會忘記還款日期，為了避免錯誤第N次再犯，她跟銀行簽了個全額還款帳戶，時間一到就自動扣款，不用擔心忘了繳款而要付利息。

信用卡的用途太多了，嘉麗在裡面找到了消費的樂趣和技巧，例如她辦了一張聯名卡，她準備兩張卡交替使用，利用不同的結帳日來拉長免息還款時間。而且，聯名卡可以充當貴賓卡，會有很多的折扣優待，這對購物狂嘉麗來說，可謂一舉兩得。更重要的是，刷卡讓嘉麗累積了良好的信用記錄，年初她還順利地辦出了購車貸款，有了自己心儀已久的小車。嘉麗說，「卡奴」幸福生活現在才剛開始，以後還要探尋更多的刷卡「錦囊」。

年近而立之年的阿龍和嘉麗一樣，不僅沒有戴上卡奴的帽子，而且還尋找到刷卡理財的秘笈。他的刷卡「秘笈」就是：選擇合適自己的卡。

信用卡的慢慢普及，種類繁多的信用卡會讓消費者眼花撩亂，功能不一樣，額度不一樣，手續費不一樣，該選擇哪一種呢？很多人都覺得頭暈。其實可以對號入座：

比如可以累積某航空公司哩程的信用卡，對大多數很少坐飛機出門的人來說，要想透過刷卡換回機票幾乎不太可能。對於這樣的信用卡，即使有了一定的積分，也要「咬牙」銷卡。免得損失不必要的手續費，心裡還惦記，得不償失。

在信用額度的選擇上，更要根據自己的實際情況來選擇。銀行一般都會設立普通卡、銀卡、金卡、白金卡等等。別貪便宜，其實並非信用額度越大的卡就越好，應當根據自己的需要選擇適合自己的信用卡，往往等級越高、信用額度越大，所對應的附加成本也就越大，例如要承擔較高的年費等等。

在選擇銀行時也要仔細考慮。各銀行由於經營方式、規模等不同，對信用卡的相關收費也不盡相同。比如年費、比如免息期、各種業務手續費等。所以，根據自己的情況和各銀行的佈局，選一家相對方便、實惠的銀行，也是一種省錢的方法。

「月光族」省錢的10大秘笈

多少人到了月底發現，辛苦了一個月，存摺上的數字卻仍是光可鑑人。

雖然很多人都說開源大於節流，光知道省錢當不了富豪，但是如果不知道省錢，連中產階級都當不上。很多月光族的共通性就是，薪水與日俱增，但一到月底，錢包卻是月月空。

為什麼薪水越來越高，錢包卻越來越空呢？月光族，難道要永遠與赤字為伍？面對年末不薄的分紅，是將「月光」、「年清」進行到底，還是瀟灑與理財一起抓，在超級shopping中「雙贏」？

第一招——制訂生活目標

首先要瞭解自己的每月花費，最好在月初列出必要的預算，在月末建立收支帳單，透過這種方式制訂合適的財務目標，提高理財動力。然後根據自己的職業和生活方式，瞭解自己的需求，擬定短、中、長期的財務目標，再據此制訂理財計畫。

規劃理財計畫時，首先要考慮的是自己的實際財務能力，並定期總結、適宜地調整，才能不讓理財計畫成為生活負擔。

第二招——先累積再消費

許多七年級生都認為只要每個月的收入減支出之後仍有結餘，那就是有儲蓄、有財可理了。這種錯誤的觀念一定要徹底扭轉，別因為克制不了消費慾望，或對支出數字「麻木」，到了錢包見底、信用卡刷爆時，可就沒有後悔藥吃了。所以說要先存錢再消費，因為養成固定儲蓄的習慣是累積財富的基本原則。

第三招——折價券要謹慎

在年終、中秋、端午等節日，商家鋪天蓋地做

促銷時，富有「戰鬥精神」的七年級生們，千萬不要被廣告沖昏了頭，看破商家的買返動機是很重要的。

第四招——「月光族」學會網上記帳

許多七年級生都屬於衝動型的消費者，只要看見喜歡的東西，一定迫不及待買下來，久而久之，習慣了揮霍無度，便很難改過來了。

阿敏大學畢業後在一家公司當秘書，月薪一萬多。扣除房租、吃用，每月錢花光光。她具有購物狂的特質，明明家裡衣服、高檔鞋子、化妝品都快堆放不下了，但是看到商場打出促銷的牌子還是控制不住腳步。每月看著自己空盪盪的錢包，她決定痛改前非。

痛定思痛，阿敏在朋友的推薦下當上了「網路帳客」，頓時扭轉了「經濟頹勢」。

阿敏發現了很多記帳的網站和軟體，她選擇了一個網站，每天記下每筆的收入和支出。系統會自動統計每月各類花費的金額以及所佔比例，並提出善意的省錢建議。

第五招——時刻記牢計畫消費

有計畫，人生才有鮮花。

剛開始進入社會時，就要有計畫地為未來進行一個全面規劃，不但規避了風險還能夠享受意外驚喜，這可是最聰明的選擇之一，當然在規劃之前一定要明確自己的「檔期」和支付能力等，給自己留好緩衝的機會。

第六招——逆潮流消費能省錢

大到購屋結婚、小到健身買衣，消費都有旺季、淡季之分。選擇淡季旅遊或者結婚，淡季辦理健身卡等等，都能為你節省一大筆開支。

第七招——優化組合省錢多多

這個世界是多元的，優化組合就能魚和熊掌兼得。

現代人與外界接觸廣泛，手機、市話、網路一個都不能少，因為這就是人們每天與世界溝通的工具。不乏某位仁兄就因為某天沒有上成即時通訊而直追熱鍋上的螞蟻，因為他已經適應了把能在即時通訊上談明白的事物，堅絕不打電話。每天即時通訊、msn、E-mail……等等的使用，計算下來一個月的電話費就省了不少。千萬不要覺得這些小錢無所謂，堅持一年半載試試看，就會嚐到組合消費的甜頭啦！

第八招——嘗試定額過一週

小曼也是個典型的月光族，老公賺得多足夠她花用，所以花錢也沒節制，月月光，年年清。兩人購屋子後，便感覺到有些捉襟見肘了，「賢慧」的小曼開始打算「縮衣節食」了，她一直在考慮怎樣才能更省一些。

週一上班，她聽同事「一千塊過一星期」，便興起想試試。結果不試不知道，一試嚇一跳。許多不應該花的錢原來都可以省下來，不買衣服、不買奢侈品、不出去吃飯，小倆口一個星期一千塊錢足夠用了。

第九招——隨時克制衝動消費

節省要從小事做起，滴水穿石，千萬不要一時衝動買下一大堆廢品：比如說衣櫥中2件款式一樣的白襯衫，數條看起來差不多的牛仔褲等等，可能是自己曾經一時衝動的結果。很多年輕人，尤其是大張旗鼓想要減肥的人，買健身卡的時候熱血沸騰，高呼口號要堅持到底，一買就盯準「年卡」，結果只去了幾次之後就讓卡永眠於抽屜深處。

遇到這樣的情況一定要克制、克制、再克制，如果看好一件風衣，可是當時覺得比

較貴，那完全可以先放一放，也許過一段時間，熱乎勁兒就會下去。昂貴的美容卡、健身卡不妨先辦一張「月卡」，試探一下自己的耐性再說。

第十招——聰明理財賺外快

套用一句很俗的名人名言：「生活中不缺少美，少的是發現美的眼睛。」致富與此同理：「生活中不缺少錢，少的是發現錢的眼睛。」從踏入社會到現在，七年級生們可能沒有一份工作能賺來大錢，而且還月月光，但是卻可以一直小錢不斷，為自己賺來積蓄。

會儲蓄才能賺錢

一個有錢人有一位窮親戚，他一心想幫他致富。有錢人告訴窮親戚：「我送你一頭牛和一些種子，用牛在土地上開荒，等到春天來了，你撒上種子，等到秋天就可以獲得糧食，把糧食賣了，就可以脫貧啦！」

窮親戚很感激，幹勁兒十足地開始開荒。可是不到一個月，人不僅要吃飯，又多了頭牛要吃草，日子反而比以前更拮据了。窮親戚打起了算盤，不如把牛賣了，買幾隻羊。先殺一隻救個急，剩下的還可以生小羊，小羊長大後再拿去賣，可以賺更多的錢。

於是他賣牛、買羊、殺羊、吃羊、再殺羊、再吃羊……當他吃到只剩下兩隻羊的時候，小羊還沒有生下來，拮据的日子又來了，最終他忍不住又吃了一隻。他想這樣下去不行，不如把最後一隻羊賣了換成雞。雞生蛋的速度要快一點，雞蛋可以馬上賣錢，這樣日子就好過啦！

他又開始了賣羊、買雞……又一次循環，窮日子還是沒有改變，反而日漸艱難。他忍不住開始殺雞了，最後，終於殺到只剩下一隻的時候，他的算盤徹底失效了。致富

的夢想算是無望了，失望之餘，打了一壺酒，買了點花生米，酒菜下肚，萬事不愁。

春天來了，有錢人興致勃勃地履約給窮親戚送來了種子。他詫異的看到窮親戚正吃著花生喝酒呢！牛早就沒了，房子裡依然是家徒四壁，他依然是一貧如洗。

窮親戚為什麼沒能發財，就是他的理財方式被動、消極、只看眼前。如果他能樹立一種樂觀積極、放眼未來的態度和理財模式，那他的結局便不會是貧窮依舊了。所以對沒有儲蓄習慣的人來講，他們的結果就會像這位窮親戚一樣，什麼都不剩。今朝有酒今朝醉，哪管明天喝涼水，這種生活態度和理財方式，是理財的大忌。

很多陷入困境的人都有過夢想，甚至有過行動，但之所以失敗是因為沒有堅持到底。一位成功的理財者曾經說過：不管怎麼困難，沒錢時都不要動用積蓄，要養成好的習慣，給自己足夠的壓力，才會找到賺錢的機會。

兔子白雪長大了，在離家前，兔媽媽苦口婆心地說：「在任何情況下，都不要把窩邊的草吃掉。」離開父母的白雪在山坡上自己建了個家，為了安全考量，牠在三個地方設計了出口。媽媽的話她一直沒忘，出外覓食時，白雪總是跑到離洞口很遠的地方去。一夏一秋，白雪沒有遇到任何危險。

寒冷冬天來了，呼嘯的北風凍得外出覓食的白雪直打冷顫。想到外面的寒冷，白雪不禁有了退意。「我只吃一點點，一旦天氣好些，我就到遠處去，就吃一點點沒關係的。」白雪自言自語，但一吃起來卻停不住，肚子吃得圓滾滾的。

大雪連續幾天未停，冷風依舊吹著，懼寒的白雪又吃起了洞口的草填肚子，但牠很「聰明」，牠換了一個洞口。牠接著自我安慰：「我的洞口有三個呢！並且每個洞口都青草繁茂，這種天氣，每個洞口輪流吃一點根本算不了什麼。」從此以後，一遇天氣轉壞，白雪就在洞口吃草，並為發現這種簡單省事的方式而高興。

天有不測風雲，一天夜裡，沉睡中的白雪直覺的感到某種不祥。牠睜眼四處看，發現一隻兇惡的狼正霸道地堵在牠的洞口，兇狠地用狼爪正試圖挖開洞口。白雪趕忙跑到別的出口，卻悲哀地發現，另兩個洞口已經被岩石死死堵住了。

「小傢伙，從你第一次動了窩邊草後，我就猜到這裡面必然有兔子，但是一般來說

你們兔子都有三窟，我還不知道另外兩個洞在哪裡，呵呵，所以一直沒有下手，不過可愛的你自己告訴我了，真的很感謝你呀！」看到即將入腹的美食，狼得意地說。

這時，白雪記起了媽媽的叮囑，後悔得直掉眼淚。

窩邊草就像自己的保底錢，情非得已絕不能動。年輕人一定要知道自己的口袋裡到底有多少錢，絕對不要為了一些牽強的理由而毀掉自己的家底，進而一發不可收拾。家底是你的根本，輕易不要嘗試觸摸，一旦出現透支，將很難有出頭之日。

而在保底的同時，也要清楚最初的財富一定是賺出來的。

財富是水庫，收入是河流，花出去的錢是流出去的水，家中水庫最初的財富，一定是賺出來的。眾人向一富翁諮詢致富的方法，這位富翁就問他們：「如果你有一個籃子，每天早上往籃子裡放10個雞蛋，當天吃掉9個雞蛋，最後會如何呢？」這些人回答說：「籃子總有一天會被裝得滿滿的，因為每天放在籃子裡的雞蛋比吃掉的要多一個，日積月累總會裝滿的。」富翁笑著說道：「這就對了，積少成多，這就像平時花錢，致富的首要原則就是在你的錢包裡放進10個硬幣，最多只能用掉9個。」

這個故事說明了理財中一個非常重要的法則——「九一」法則。當你收入一百塊錢的時候，你最多只能花掉九十塊錢，將那十塊錢「黏」在錢包裡。無論何時何地，都不破

例。這是理財的首要法則。可千萬別小看這一法則，它可以使你家的水庫由沒水變為有水，從水少變成水多。

很多人窮，不是因為他賺得少，而是因為他花太多。講排場、撐面子引起的消費，讓自己的財務入不敷出，甚至負債累累。這時就要牢記「九一」法則，給自己留一塊，錢永遠不要花光。

所以，如果不想永遠貧困，一直待在窮人的行列裡，就要立即行動，學會控制自己的慾望，節約用錢，拒絕揮霍浪費，學會儲蓄，千萬不要把應該存起來的錢花掉了。

過節儉又體面的精緻生活

微微畢業兩年後有個很大的體會：省錢要比賺錢容易多了，如果能夠試著把日常開銷節約十分之一左右，生活品質其實沒有任何改變。她得出結論要理財，節流比開源容易得多。她覺得只要利用一些小小的技巧，像利用時間一樣，就是把金錢也用在刀刃上，並且堅持到底了，不僅無需把自己的生活目標放低，而且也不用失去與家人、朋友相處的時間，就可以達到理財效果。總而言之，節儉，其實是件很開心的事情。

對除了自己沒有其他經濟靠山的微微來說，錢是要事，如何節儉又體面精緻的生活是頭等要事，微微就很得意，能讓在存摺現款步步高升的情況下活得精彩、滋潤。她一直堅持著幾個通用原則：

首先，每月領了薪水之後第一件事是把薪水的40%存到定存。至於每個人的百分比具體是多少，視個人情況而定，但別少於百分之十，否則很難見到效果。

其次，微微給自己制訂了幾個小目標。比如，一年內買件名牌大衣，三年內貸款一間套房，五年內買一輛車。這些小目標計畫時間短，實際操作可能性大，最主要的是自

己平時節儉的動力。

第三，挑選合適的朋友。微微覺得交際圈的風格在很大程度上影響著她的消費風格。如果能夠多交些有良好消費習慣的朋友，而不交那些以亂花錢為時尚，以追逐名牌為面子的朋友，會對她的理財習慣有很好的幫助。如果朋友們都愛消費、攀比，結果只能是自己被帶著不顧自己的實際消費能力去跟風而導致的「財政赤字」。此外，她也避免和「算計鬼」做朋友，免得被他們賴著借錢。

最後，就是微微不屑於把男人當成提款機，但也堅絕不變成某個男人的ATM。微微信奉男女財務平等自由，她不會多花男友的錢，但不會大方到「養」男人，自己的錢自己花，是女孩子獨立成熟的表現。

微微的這些原則讓自己的理財生活過得有滋有味。其實七年級生在理財的時候，除了要注意這些原則更要注意細節。

例如買雜誌，女孩子喜歡各式各樣的雜誌，兩性情感的、美容的、健身的，一買一大套，但是有沒有想過所有雜誌都能讓妳開心還教妳省錢嗎？有時候買那些又厚又重的雜誌是不是只是看好那些附贈的小禮品呢？如果妳的同事或朋友也買，為什麼不合買然後一起看呢？而且，貴而不實的雜誌並非生活必需品，現在網路發達，什麼都可以搜尋到，省力又省錢。

第二個小訣竅，就是如果看到雜誌上有「來信即奉上贈品」之類的廣告，別不相信，這有可能是真的。試著聯繫他們，手續並不麻煩，而且會有意想不到的收穫。

第三個就是出門前要隨手關燈。如果下班很晚，家裡要留一點光亮，為了能省點錢把所有燈泡換成節能的吧！而且，在裝修前，家電也盡量選擇節能型的，這是一筆長期的效益。

比如購買洗衣機，在相同容量下，變頻洗衣機只比一般洗衣機貴一點。如果一週平均洗三到四次，一年下來可以省下不少錢。而且建議放棄滾筒型，使用一般雙槽洗衣機，這樣在突然想起還有衣服要放進去時，不至於打不開蓋子。

最後可以找份兼職工作賺外快。比如，在網路上開個小店，將家裡多餘的東西放到網路商店上，說不定幾個月後就能買到心儀已久的外套了。但是上班族在選擇方向兼職的時候，盡量與自己的長項和未來的發展目標相結合。兼職不僅是要賺一些小錢，如果只是為兼職而兼職，為眼前的一點蠅頭小利斤斤計較，而忘記了對自己的鍛鍊，那就有點得不償失了。

職場新人薪水應該巧分配

現在有很多的大學生都是在畢業以後選擇留在自己上學的城市，一來對城市有了感情，二來大城市發展機會較多，但是金融危機的不期而至，很多畢業生很難找到一份既喜歡又薪水較高的工作了。

根據理財專家的意見，月收入要從儲蓄、生活支出、機動支出等方面來分配。

一般來說，要先儲蓄後消費，儲蓄應該佔收入的一到兩成。

記住，要先儲蓄後消費，很多年輕人都在月初打算先花著，等到月底再存，但是到了月底的時候，往往就錢包空空了，原來存進去的錢也會被領出來，而且是不知不覺的，都不知道花在哪裡了，所以一定要強制儲蓄收入的一到兩成，而且要保證存款夠至少兩個月的基本費。因為金融危機後，現在很多公司動輒減薪裁員。如果手頭一點「儲備糧」都沒有，一旦工作存在了不穩定因素，自己將會非常被動。

而且這兩個月的收入可以成為你的「壓箱寶」，工作實在壓的自己喘不過氣來，忍無可忍無需再忍時，你可以大方地「炒掉」老闆。所以，堅持儲蓄，自己留足底牌。

其次，生活費不宜超過收入的四成。

生活費是每個月的必須支出。房租、瓦斯、水電費、手機費等，這部分盡量控制在收入四成以內，三成左右。它們確實是你生活中不可或缺的部分，所以無論如何，要保證這些費用的充足，不要到時候綁手綁腳。

最後，日常的機動資金在三到四成。

除了生活費、固定儲蓄，剩下的錢可以根據自己的愛好和生活習慣，有計畫地花在不同的地方。例如假期出門旅遊；換季時，可以買一些自己心儀的品牌服裝；平時聚會、遊玩的花費也必不可少。但是切記也要把這一部分錢計畫著花。

如果某一個月，剛發薪水就把這部分用完了，就把這次當一回教訓，自己懲罰自己到下次發薪水前什麼錢都不花了，自制力要強，這樣印象會很深刻而且有效。

但是光儲蓄一般來說是不夠的，如果你能讓錢生錢那才是非常舒心的，但是，心有餘而力不足，年輕人剛剛工作資金不夠很多想法都不容易實現。這個時期的年輕人，在節流的同時，可以適當的做一些小投資來開源。年輕人按照前面的做法，兩年的儲蓄下來最少有二十萬元左右。這些銀行裡的儲蓄最好不讓它閒置，他們建議把二十萬元分為三份，各六萬六，分別做出適當的投資安排。這樣，雞蛋不放在同個籃子裡，出現用錢

危機的可能性大大降低，還可以有一部分不錯的收益，值得一試。

可以用三分之一買份保險，購買保險也是一種較好的投資方式，這在本書的第三篇有詳細介紹。

也可以用三分之一買公債，這是報酬率較高而又相對穩妥的一種投資。

如果有行家指導或者自己有經驗，也可以用三分之一來買股票。股票是一種高風險的投資，當然風險與收益是並存的，只要眼光精準，會帶來理想的投資報酬。

這種方法是許多成功的過來人辛苦總結的理財經驗。當然，每個人的收入、生活環境、生活方式有所不同。那麼理財方式也會有不同，這些方法可以靈活運用。

精明儲蓄有妙招

夢璿剛開始時和很多剛從事工作的七年級生一樣，認為自己每月薪水到月底的時候都剩的不多，對自己理財是一件可望而不可及的事。她很羨慕年長兩歲的姐姐夢瑤，同樣的年齡層，姐姐卻有了一筆不小的財富。「收買賄賂」之後，夢瑤告訴她，其實，理財的核心就是「開源節流」——節省不必要的花費，尋找可以收益的項目。剛進社會的夢璿現在雖然收入較低，但只要精明儲蓄，把不該花的錢省下來存進銀行，透過一些巧妙的儲蓄方法，存摺很容易「豐滿」起來。夢瑤向她傳授了她儲蓄的「小妙招」。

強制儲蓄有訣竅

夢瑤每月領取薪水後，第一件事就是把必要生活費和各項開支預留出來，存在銀行活期帳戶上面，用著方便，不用的時候可以按活期計息，既賺取了活期利息，又控制了自己的花費，避免手中的餘錢過剩造成了購物慾。

然後是將生活費和機動費用以外的錢，用「階梯組合式」儲蓄法儲蓄。

剛開始時，可以把手裡可以使用的資金，以三個月定期存款的方式存進銀行，一個月存一份。那麼，一月份開始存，從四月份開始就會連續三個月有一筆定期存款到期，這個時候使用這筆到期的存款，不僅不耽誤使用，還會額外得到一筆定存的利息，多划算。存款到期時，如果不急著提用，可以把這部分轉存為六個月、一年或更長時間的定存。然後在後來的單個月，如法炮製，這樣做既可以保證每月都有一筆存款到期，同時可提取的數目也不斷增加，如果不支取，則可以繼續享受更高的利率。這樣手續上雖然有些麻煩，但仔細想想，有很多好處是顯而易見的。

像夢瑤這樣強制儲蓄，這樣存錢，一門心思都在把錢賺夠，就能避免很多不必要的花費，原來錢在手裡，怎麼花都有錢，現在錢在銀行裡，想要花還得看銀行臉色，當然花錢就有節制了。即使出現意外狀況，急用錢，三個月定期也不耽誤使用。這種方法嘗試一年以後，就會發現手頭會小有積蓄，如果想做一些風險性投資，例如基金、股票等就會有本錢了。這樣利滾利的運作，就比錢在銀行閒置要划算得多。

「意外儲蓄」增加財源

夢瑤的生活中，常常會有意外的驚喜發生，譬如稿費、意外中獎、老闆紅包等不期

然的意外進帳，可將這些筆錢即時存入銀行，開設專門的帳戶。也可以做一些投資，例如選擇基金定期投資，基金定期投資是一種類似於「零存整付」的儲蓄業務，按一定時間從固定的帳戶中扣款。現在有很多保險公司都推出投連險的產品，很適合投資基金的年輕人來購買，每月存進去的錢可以隨時增減，靈活性很大。

對像夢瑤這種月光女來說，這筆錢不做定期投資，可能也不知花到哪裡去，做了定期投資，則可以獲得較高的低風險投資報酬，幾年以後，就會驚喜地發現自己的銀行帳戶，在不知不覺中就增加了這麼多，甚至高出自己原來設定的理財。

「分散儲蓄」有備無患

夢瑤建議妹妹每月將淨收入的30％左右，存入銀行做為一年期的定期儲蓄，等這筆錢一年後到期時，連本帶息轉入下一年度的儲蓄期，一年12個月，如此循環操作，那麼一年中的任何一個月中，都會有一張定期存單到期可以取用。如果有急需用錢的地方，只需要使用最近期限的一張存單，而不必動用其他的存單，這就避免大筆金額同時存在於一張存款單上，單獨取出其中一部分，會損失剩下部分的利息的情況。

分散儲蓄既有利於積攢本錢，又可以最大限度地利用儲蓄的靈活性，尤其是對像夢

瑤這樣每天只會賺錢，沒時間理錢的人來說，不失為一種理財的妙計。

「節約儲蓄」兩全其美

夢瑤還批評妹妹，她之所以成為月光女，很大程度在於亂花錢，其實完全可以控制自己的開銷，一些不是急需的東西不要急著買，先把錢存進銀行，過幾天再考慮是不是有買的必要。這樣就可以控制一部分的衝動消費。如果真的控制不住，就選擇檔次低一款的，不傷大雅的前提下，省錢又實用。像這樣堅持一段時間，就會發現，既養成了好習慣，又增加了手頭的鈔票，多好的買賣。

「活期儲蓄」停止休眠

像夢瑤這種七年級生大部分收入並不高，而需要花錢的地方卻不少，因而，儲蓄的時候，多選擇活期儲蓄，這樣便於錢能隨用隨領。但活期儲蓄的最大弊端便是利息太少，基本上等於讓資金休眠。其實只要巧妙變通一下，是完全可以多賺取銀行利息的。

夢瑤在辦理業務之前，就和銀行約定好了活期帳戶的最低金額，超出最低金額的部分，自動轉存為定期存款。定期存款有不同的類型，夢瑤的情況可以選擇一年的，如果

一年內沒有領出來，到期後，就和銀行約定連本帶息重新轉活期帳戶，這樣就在原帳戶保留了約定的最低金額後，其他剩餘部分全部自動轉為定期存款。這樣一來，一旦夢瑤急需用錢，可以隨時提取定期帳戶上的錢，損失的只是定期的存款利息。

現在銀行的儲蓄種類，不只是單純的定期和活期，還有定活兩便的儲蓄種類，可以選擇定期的儲蓄時間，三個月、一年、三年、五年均可，如果有急用提前支取的話，按照活期利率計息，不急用的話，到期後按照定期利率的六折計息，對不確定未來是否一定需要用錢的妹妹來說，這種方式非常實惠方便。

這樣存錢收益更高

跟炒股、基金等相比，儲蓄是相對穩妥的理財方式，受到了絕大多數年輕人的青睞。為什麼選擇儲蓄呢？就是因為在資金不足的情況下，儲蓄能夠保證在碰到急事時，可以拿出充足儲備的錢。可是對初涉理財的七年級生來說，如何才能利用儲蓄巧妙存錢呢？被朋友們稱為精明小主婦代表的筆筆媽就在姐妹淘聚會時，和姐妹們津津樂道著她們各自的「存錢經」。

筆筆媽最開始選擇了「不等份儲蓄」降低利息損失。

不等份儲蓄就是在儲蓄的時候，選擇把錢分存為金額不等的幾部分，存期可以分別以三個月、半年、一年、三年、五年，這樣一來，既可以獲取最多的利息，又可以降低一定情況下的利息損失。她說這種方法，好多次在家裡出現急用錢情況時，最大程度的減少了利息損失。因為每次出現急用錢的數額和時間都無法確定，所以她一直青睞這種方法。

例如家裡需要有1萬元準備應急用，可以把十萬元分別存成定活兩便一萬，三個月期限一萬，半年期一萬，一年期三萬，兩年期四萬。一旦急用，數額不大的話，只需動用兩張一萬的儲蓄存單，數額大的話，也只需動用一年期或者兩年期的存單，就能解燃眉之急了。

同時筆筆媽還建議姐妹們採取「階梯儲蓄」的方法，因為這種方法增值取用兩不誤。

筆筆媽把家裡的閒置資金按一、二、三年期的定期方式進行存款，然後一年、兩年後把到期的存款連本帶息轉存成三年期的定期，三年後她就有了3筆三年期定期存款，這樣做既保證資金的抗風險能力的同時，還增加利息收入。

這種「階梯儲蓄」靈活性強，因為獲得三年期存款利息的同時，還可以保持家庭年度儲蓄到期額的等量平衡，如此一來，如果遇到家庭經濟危機，或者銀行利率變換頻繁時，也能從容應對。

筆筆媽的老姐妹小嵐則比較推崇她自己的「時間差儲蓄」，她說這樣可以見縫插針賺利息。小嵐笑說身為主婦，有無投資觀念很重要，如果有一定的投資觀念，儲蓄時就不僅僅是單純的選擇定存或者活存，而是事先比較不同儲蓄的利率大小，仔細地計畫儲

蓄期限，然後選擇其中資金報酬率最高最好的儲蓄方式。

她們之中最有耐心的心晴，則選擇了「組合儲蓄」，因為用這種方法一筆錢可以獲兩次利息。

心晴介紹說這是一種存本取息和零存整付相互組合的儲蓄理財方法。她手中每月都有一筆固定收入，她打算只要錢到手，無論數額大小，都先存至存本取息儲蓄，一個月後，就把首月利息拿出來再開設一個零存整付的帳戶，然後將每月的利息都存入這個帳戶。心晴得意道，這樣不僅存本取息儲蓄得到了利息，而且這些利息在被零存整付儲蓄後又得到了額外的利息，也就是一筆錢獲得了兩次利息。雖然操作起來有些麻煩，但是日積月累，就會發現利息的複利效果也是一筆非常可觀的收入。

財務會計系的依依則選擇了「約定自動轉存儲蓄」業務，這種業務好幾次都讓她避免了利息白白流失。

從朋友那裡得知銀行推出了儲蓄自動轉存業務後，依依就在存錢之前與銀行約好到期自動轉存業務，如果不這樣做的話，存款到期後如果沒有即時續存，過期部分則按活期計息了，損失不小。

但是這種業務有個特點就是，一旦存款到期後遇上利率調降，事先未約定自動轉存的，再存時就要按調降後的利率計息，而自動轉存的，則能按原來較高的利率計息，如果到期後遇到利率調漲，也可領出後再存，再存後按照調漲後的利率計息。所以在辦理這種業務時要注意這幾點。

依依還留有後手，準備用「預支利息儲蓄」方式來應急負利率時期。

預支利息儲蓄法，是一種存款儲蓄時，就預先把利息支出提前使用，到期後只取回本金的一種儲蓄方法。

這樣雖然比本金到期的全部利息要少一些，但此種方式，在物價上漲比較快時是相對比較划算的，因為可以快樂地享受到利息帶來的提前消費。

教育儲蓄，見招拆招

七年級的小夫妻很多都是為了將來的孩子。現在隨著孩子教育比重的增加，教育費用一年比一年高，家庭負擔也隨之日益加重。聰明的爸媽會明白，等孩子長大了臨時抱佛腳是不可取的，而如果在孩子小的時候就利用儲蓄，未雨綢繆為孩子將來備好充裕的教育基金，那以後的教育支出就會輕鬆很多。而格格的爸媽就屬於這種富有預見性的家長。

格格爸26歲時和24歲的格格媽結婚，第二年格格就出生了。孩子一出生，父母的生活重心就完全轉移了。小夫妻想的很長遠，不僅要照顧好孩子的現在，也要計畫好孩子的未來，尤其是教育。

格格爸很有先見之明，看著現在一個月幼稚園費用就知道將來的花費少不了。在格格三歲時，格格爸就開始打起了算盤，算清楚孩子未來教育需要的數額。然後再對症下藥。

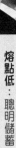

格格爸是保守派，不想做投資，更不想炒股票，可不想自己辛辛苦苦賺來的錢冒那麼大的風險，他覺得最穩妥的辦法還是放銀行生利息。算一算。離寶貝女兒上大學還有15年呢！利用這15年，把錢儲備下來，綽綽有餘。但是前提是不能耽誤家庭現在的生活，不能為了將來耽誤了現在。一番打算之後，格格爸的教育金打算成形了。

格格將來上學時候要多少錢不好預測，根據現在的情況，他以100萬做為打算，準備在15年後存到100萬。

格格爸媽手裡現在有70多萬的閒置資金，他們決定把這70多萬元存5年期的定期儲蓄，然後連本帶息轉存成第二個五年期定期儲蓄，之後再連本帶息轉存第三個五年期定期儲蓄，到期後已經超過預期目標100萬了，到時候，孩子上大學的費用基本可以不用愁了！

你看，聰明的格格爸媽只是為孩子稍微理了一下財，就輕鬆的以現在的70多萬解決了孩子未來上大學的費用。所以說，理財的目的，不在於要賺多麼多的錢，而在於善於規劃自己未來的資金需求，要設定目標，並努力實現目標，使將來的生活有保障或生活得更好。

格格家採用的是整存整付，其實「教育儲蓄」還可以採用零存整付。平時收入不高，而且用錢地方多的家庭可以選擇這種方式。家長可以根據現在孩子的狀況，在一年、三年、五年中選擇一種做為教育儲蓄。與格格家的儲蓄方法近似，也是每月存進一筆，等到期後一次提出本金和利息。這樣既降低了風險，還不耽誤平時的家庭生活，積少成多，等到孩子長大要用錢時，才會感嘆自己的先見之明。

現在很多銀行都推出教育儲蓄享受整存整付利率：無論是一年、兩年期還是三年期，都可以按開戶日同期整存整付定期儲蓄利率計息。這也給很多想要辦教育資金的人很大信心。

而教育儲蓄有個異於其他儲蓄種類的好處就是免徵利息所得稅。一筆帳算下來，採取教育儲蓄的方式，可以比同期限的定期存款增加6%以上的收益。

許多年輕的家長們感覺教育儲蓄已然失去了利息相對較高的優勢，其實不然，用理財的專業眼光來看，跟孩子將來百來萬教育費用相比，這些利息所得稅微不足道，不值得在上面斤斤計較。而教育儲蓄的關鍵是強制儲蓄，及早準備，才能安享未來。

家長們在選擇教育儲蓄的時候，在同樣的條件下，如何選擇才能做到收益最大化呢？下面告訴好媽媽們幾個存儲小訣竅，以備選擇。

首先，存款期限盡量選擇三年和六年期，盡量避免一年期的存款。道理很簡單，相較之下，存期越長，利率越高，最後的收益越高。而且選擇年份高的，還可以享受一些優惠政策。

比如孩子今年小學五年級生，還有一年上國中，其國中階段的教育儲蓄，按照教育儲蓄管理辦法的規定，可選擇三年期和六年期，倘若選擇存三年期教育儲蓄，就比選擇存六年期少享受兩年的免稅優惠。

再有就是每次跟銀行約定的存儲的錢越多越好。利率不變的情況下，本金越少，利息就越少，很簡單的道理。而且很多優惠就享受的越少，所以建議家長們在能力範圍內，將教育儲蓄的額度達到最大。

再有就是因為金融危機的衝擊，利率呈現調降趨勢，所以儲蓄適宜選擇長期存款。與加息後的急於轉存不同，降低存款利息後不必著急，保持已有存款不動就可以了。家長們要注意，根據金融專家預測從長遠來看，降息週期已然來臨，此時想要辦理定期存款的家長，應盡量選擇長期存款，這樣一旦再遇降息，仍然可享受到存款之時的較高的利率。

可塑性強

合理開支，只花該花的錢

青銅熔點度低，而硬度卻比較高，所以具有較強的可塑性適合於鑄造各種器具。二十幾歲的年輕人，有一腔熱血，憧憬著美好的未來。但對於事業、金錢，卻是一張白紙，可以隨便的塗繪。所以，這時候，一定要選好色筆，給未來畫上一條沒有曲折的道路。

支出是財富的決定因素

泰森是世界上婦孺皆知的拳王之一，二十歲出頭就獲得了世界重量級冠軍。之後二十多年的拳擊生涯中，他總共進帳四億多美元。但是賺得多不代表有的多，他的生活極盡奢侈，甚至可以說是揮金如土。他前後曾有過六棟豪宅，其中一棟豪宅有100多個房間，帶有三十八個浴室，還有一個室內電影院和豪華的地下夜總會；不到十年的時間裡，他曾買過110輛名貴的汽車，不是生活需要，而是擺闊，因為他把其中的三分之一都送給了朋友；他還養白老虎當寵物來彰顯身分，最多的時候同時養了五隻，要知道這種孟加拉白老虎每隻都要價十萬美元以上，後來因為法律不允許才沒有跟進，但是已付給馴獸師的錢就有十二萬美元。

就這樣，他一直無節制的過著自己的奢侈生活，甚至就在他申請破產之前，他還在拉斯維加斯一家珠寶店中買走了一條鑲有鑽石的價值十七萬美元的金項鍊。到了2004年12月底，揮霍無度的泰森資產只剩下了不足兩千萬美元，但是債務卻高達三千萬美元。支撐不下去的他在第二年的八月，向紐約的破產法庭申請破產保護。

億萬富豪，短短幾年變成「窮光蛋」，並非遇到天災，而是遇到自己的「人禍」。這就可以看出一個人的收入並不等於財富，所謂財富應該是能夠存下來的收入，是收入減去支出。所以說決定財富的是支出，支出才是財富的決定因素。因此，要累積財富就一定要養成量入為出的習慣，否則賺再多的錢都有可能像泰森那樣被揮霍殆盡，最後落得兩手空空，甚至成為負債一族。

那麼遵守量入為出的習慣該如何培養呢？

首先，花錢不可以花淨。

還記得我們前面提過的九一法則嗎？它的最大的意義並不在於存下了多少錢，而是在這個過程中形成一個把人生計畫和金錢合而為一的觀念；隨著自家水庫裡水量不斷增多，財務上的安全係數不斷增高，內心會逐漸變得踏實和滿足；同時這樣做也可以使你養成儲蓄的習慣，增強獲取財富的慾望，對生活充滿鬥志。

要養成儲蓄的習慣，其實並非一件難事，只是很多年輕人很難自覺地做到這一點。例如年輕人一旦向銀行貸款買車、購屋，或者開始使用信用卡消費，就被迫養成被動繳款的習慣。每個月發薪水後的第一件事就是要繳車貸、房貸和信用卡費。如果這種強制

「存錢」的行為，能夠變成一種自覺的儲蓄行為，堅持下去就能累積一筆非常可觀的財富。可以使用「抵押」這一說法，年輕人應該養成一種習慣，自覺地強制自己儲蓄，像每月「抵押」那樣，哪怕剛開始時是不自覺的，時間長了就會變成一種習慣。這對很多的年輕人，特別是「月光」、「年清」族來說，這是邁出理財的關鍵一步。

其次，為了晚年幸福，學會當「延遲族」。

一個人一生幸不幸福，主要還是看他晚年是否幸福。所以為了晚年的、長遠的幸福，年輕時就要在消費上做出犧牲，克制自己的消費慾望。

很多年輕人都認為，青年時代正是人生最美好的時光，這個時候不享受，等年老時再享受有何意義。其實，這種認知正是年輕人對幸福生活理解上的錯誤觀念。晚年不幸福，年輕時再風光無限也是虎頭蛇尾的。所以說年輕時花錢無度就會透支掉晚年的幸福，甚至會造成晚年的不幸。

所以，為了晚年的幸福，就應該在年輕的時候養成好的消費習慣，控制消費慾望，不要把晚年的幸福都透支掉。現在很多年輕人喜歡攀比，過度、預支消費，青睞於購買高檔消費品，這些錢很可能就是他們晚年時需要的養老金，到晚年缺少養老金的時候，才知道生活是多麼淒涼。為了晚年的幸福，在年輕的時候就應該去學習做「延遲族」，延後滿足自己的消費慾望。

例如，購屋之前不買車，而且三十歲之前要謹慎購屋。年輕人在三十歲之前正是在事業上的基礎期，三十歲至四十歲是務實基礎的時期、穩步提升的時期，要談享受至少得等到四十五歲以後。由於受社會環境的影響，攀比、盲目樂觀等心態作祟，有些人年紀輕輕就超出自己的財務能力去買車、購屋，拿著明天的錢過上今天的幸福生活，提前的過度消費使年輕人背上沉重的財務負擔，成為車奴或者房奴。所以人們在年輕的時候要注重累積財富，不要過早地透支未來的幸福生活。

有一個富商做藥材生意，一年可以賺到上千萬元，但是他在三十五歲之前一直都是和家人租屋，沒有購屋。他認為自己在三十五歲之前應該集中力量務實事業的基礎，為未來過上幸福生活創造條件。

每個成年人都渴望著一間屬於自己的房子。它可以給一個人、一個家庭帶來內心的安寧與和諧。但是汽車卻並非生活必需品，有的時候開車還不如搭車呢！而且汽車不像房子會增值，它隨著時間貶值的很快，而且車貸、保養、加油等會使你背上更多的消費

負擔。所以像購屋、買車這樣的大額度消費，購屋應該排在前面。如果在買完房子之後還有能力去買汽車，這就無所謂了。但是如果超出自己的能力去買車，就很不划算了。更合適的做法就是把買車和養車的錢省下來，去做基金或者不動產的投資，這對增加自己的財務能力有很大的幫助。所以，一般情況下，在沒有還完房貸前最好還是不要享受汽車，得不償失。

買東西要買「最新的舊款」。買「最新的舊款」是一種比較前衛的消費方式，在買東西時，一定不要買剛剛上架的最新款產品。一種商品在最新生產出來的時候，它的價位都是最高的，因為它含有很多的研發成本和其他的相關成本在裡面。但如果在2010年買2009年款式的手機，價格就會比在2009年剛上市時便宜很多。尤其是電子類的消費品貶值的速度更快，如果等幾個月去買舊款式產品的話，可以少花很多錢。

服裝最好等打折的時候再買。對於一些過季服裝，商家為了促銷，經常會打出很大的折扣，打折時買就會省很多錢。現在商家經常巧立名目打折促銷。如果看上某種商品，卻不在促銷期間，可以等待一陣子，例如八月末、九月初夏秋換季時購買，這樣可以節約很多錢。長此以往，就可以節約更多的錢。

你不理財，財不理你

怎麼投資、怎樣理財，各說各有理。但是毋庸置疑的是，想要理財，必先有理財的心思，就是「理財觀念」：「你不理財，財不理你」。你不去打理錢包，那錢包只能是亂七八糟，更別提財源滾滾了。

俗話說，吃不窮，用不窮，不會盤算一世窮。

吳小姐今年二十四歲，在一家公家機關做行政工作已有兩年，目前和父母在一起生活。吳小姐的母親仍舊在職，父親雖已退休，因為工作效益比較好，家庭的收入也還不錯。

吳小姐還有一個姐姐和姐夫，因為姐夫在國外讀博士，姐姐兩年前也以陪讀的身分去了美國，兩歲的小外甥交給吳小姐的父母幫助撫養。吳小姐的姐夫現在已經進入論文最後的答辯期間，答辯順利的話，再過半年便可拿到學位了。而且因為優秀一直有全額的獎學金，再加上他的導師很欣賞他，一直帶著他做研究，雖然薪水還不能跟國外正

式員工相比，但是收入也不錯。姐姐在國內是學德語的，英文一直沒有放棄，偶爾幫助姐夫的學校翻譯些資料，兩個人的日子也著實過得很寬鬆。可以說是典型的「知本＋資本」的家庭。

夫妻倆雖然人在國外，但也經常寄錢給爸媽，一般都是英鎊。以前，父母對外幣沒什麼概念，剛開始的時候也就收在家裡，慢慢累積多了便在銀行開始了外幣儲蓄。

老倆口並沒有讓這些外幣閒置，去年看到了美金貶值而沸沸揚揚，吳小姐的父母也考慮著怎樣讓這筆錢有所增值，但是一直持觀望態度，並未行動，今年，吳小姐的父母終於準備「幹一票」，一早就囑咐她要想想怎樣活用這筆錢。

吳小姐諮詢了理財專家，他認為，對於像吳小姐這樣以前「月光」，打算從現在開始累積的年輕一族，「單身經濟」對他們的影響一直頗深。以前的他們，所有的花費都是為自己一個人打算，吃、穿、住都不用考慮其他人，但是，現在不同了，「人無遠慮，必有近憂」，雖然「賺多少花多少」的生活很瀟灑輕鬆，卻很明顯的有不少隱患。

有人說，賺錢能力決定了消費水準，我賺得多所以花得輕鬆，這麼想本無可厚非，但適當的儲蓄也是為了讓現有的生活更加無憂。所以，年輕時還是儲蓄為上。

例如每年春節前後，收入相對集中，年底紅包、分紅、獎金，甚至壓歲錢這些收入都是最集中的，趁這個時候可以買點保險，為來年準備一筆備用金。關於備用金可以專門開設一個備用金帳戶，這樣利於之後的定期定額存款。而且，這筆定期存款非必要時候不要動用。萬一碰到急需的情況，還可以一解燃眉之急。

在後文中會提到，也可以適當購買保險，最適合這種情況的就是現在很流行的分紅險，但是在投保時應注意選擇投保年限，不要一次就選20年，要根據自己的收入變化趨勢來決定。

另外，對於股票等高風險投資項目，除非有一定把握，否則不要輕易下海。但是可以考慮一些前景良好、收益穩定的基金等來投資。

現在市場上新上市的金融工具越來越多，潛移默化的影響著年輕人的生活，也讓曾經信奉「單身貴族」的年輕一族躍躍欲試。但同時，年輕一族也要量力而為，財富的累積是並非一朝一夕就可以成就的，貴在堅持。

總而言之，「未雨綢繆」雖然老套，卻也是老祖宗總結的經驗之談，積穀防飢，防患於未然，也是為了保障年輕人的生活在遭遇突發情況時不至於讓人措手不及。利用自己現在的優勢，理性理財的同時年輕人應當明白，財富的累積應當從現在開始。

如果你準備找專業代理人幫忙，那麼並不表示在財務管理上會失去自主權，一切任

由理財專員為你決定。相反的，自己仍應拿主意設定財務目標，然後再請專業理財人士為你量身訂做理財計畫。他們會根據自己的專業知識為你研究一個切實可行的理財方案，達到你想要的目標。這與自己當老闆的感覺很相像：假如你是一家公司的老闆，有一些財務規劃，但是自己只是有一些大概輪廓，而又非專業人員，這時就得請專業的財務人士來執行你的計畫。

這樣做的好處主要在於最大限度的節省時間和精力。尤其是對自己在理財方面缺乏信心的人，認為親力親為的效果不見得多好，那委託全職的專業理財人員來為你服務將更有效率和保障。雖然可以透過上網瀏覽相關理財網頁，閱讀報章、書籍與雜誌資訊可以增加理財知識，但也是杯水車薪，難以與有實際經驗的專業理財規劃師相比。假如你對管理財務缺乏興致，連閱讀研究理財方案都提不起勁，那就更適合交由專業人士來辦理。他至少可讓你省去管理財務的煩惱，專心致志處理生活上的要事，並有充裕時間打理自己想做的事，例如陪伴家人、健身休閒、出外旅遊等等。

但有一點要注意，在決定委託專業人士為你服務時，自己也必須持有合作態度。由於需要全盤「交代」私人的財務機密，因此物色合適的理財專員非常重要，這位專業人士不僅需要過人的專業知識，還要有良好的職業道德。當然，人家不會為你白忙，支付服務費是必不可少的。

如果不相信別人，也可以選擇DIY。這就要從頭到尾由你自己規劃自己的財務。在這個過程中，你需要自己立下目標，然後收集相關的資訊，分析整理自己的財務狀況，制訂可行的投資辦法，最終選擇適合自己的投資工具。而且，你還需要經常監督與跟進財務管理的進度。總而言之，就是在整個理財過程中，從頭到尾都是由你自己全權處理。

很多人對這種「自立」的理財方式樂在其中，並從一個個的過程中獲得滿足感。因此，他們無法理解有人竟然將「自家私事」交由他人打理。他們覺得「自立」方式的好處有很多，尤其是無需公開自身的重要機密資料，可以防止隱私外洩。同時，也因為自己最瞭解自己，清楚自己所追求的目標及需要，甚至可能比專業理財師更嫻熟的管理自己的財務。而且，不藉助專業人士的服務，也可以省下一筆服務費。

但是，不是所有人都具備DIY的能力，首先必備的條件就是，你必須掌握財富管理的知識，還不只是一點點皮毛。你至少須擁有專業財務人員的水準，方能為自己策劃一個具有專業素質的財務管理方案。也就是說，只有在掌握了相當程度的理財知識和理財能力後，才有能力為自己「打算」。

而這段自我累積過程，並不是一蹴可幾的。最好從閱讀理財規劃的書籍或者雜誌著手，簡單一點也得上網瀏覽有關理財網頁，以掌握更多知識。一旦開始實行理財計畫，你可徵詢相關行業的專業人士對理財工具的意見，包括保險代理員、證券經紀人、信託代理員、專業遺囑繕寫員等等，因為要理的財不是單純的生活費，它涉及生活的很多方面。

如果想要使自己的各個理財過程更完美，可以考慮進修專業財務規劃課程，取得財務顧問（CHFC）、財務規劃師（CFP）等資格。在學習進修的同時，也可以參加出席財務規劃研討會及講座，以獲得最新資訊。財富管理是個「長征」，保守估計，一週至少須拿出四個小時進行這方面的進修。

總而言之，從你開始理財的同時，就該清楚這要付出的努力，但這對時間不夠用的上班族，尤其是成功的商業人士，卻是一項挑戰。

支出規劃，成功理財第一步

二十三歲的志偉是大學生，上課之餘，他做起了家教，每個月有一萬二左右的收入。對一個大學生來說，這些錢日常開銷已經足夠，可是由於沒有理財經驗，薪水一到手不到半個月就花光了。志偉很苦惱。他想知道有沒有什麼好的辦法，讓他在保證生活的情況下還能夠有一定的積蓄。

其實對一個大學生來說，每月一萬多的收入，支付日常生活開銷還是相當充裕的，如果能夠合理規劃，應該還有節餘。

志偉上網諮詢了一位理財師，理財師的建議是讓俊宏先知道自己每個月什麼錢必須花，什麼錢沒必要花。理財師給志偉列了張表格，例如吃飯、通訊、交通等費用都是生活必要支出，而買衣服、娛樂遊玩等費用則可以壓縮或者延後消費。這些開支消除後，最好再留一筆保底錢款，以備不時之需。

志偉按照建議制訂好了支出計畫以後，他又將自己每月的花錢情況，按照分類記下流水帳，月底再分門別類的將各項開支情況彙總。原本以為這樣做很繁瑣，結果堅持下

來後他發現記帳原來很容易。他總結了幾個小訣竅，可以事半功倍：首先，購物要保留所有發票，到了月底方便分類整理；其次，最好刷卡而不用現金，因為信用卡可以幫你記帳；再一個，小筆花費可用估數；最後則是大筆的現金支出，在沒有發票的情況下，應在當天即時記錄，以免過後就忘了。

不要忘記將月底彙總的各項支出情況與最初的計畫做比較。找出差在哪裡，並比對分析出原因。如果某一類支出超出預算過多，可以仔細研究是怎麼回事，第二個月就有意識地縮減，這樣逐月壓縮，直至達成預定目標。如果最後是因為預算太低造成的，可適當的增加預算，兩相比較，幾個月下來就會有一個合理的支出計畫。

前面講過，從理財的角度說，儲蓄不完全等同於存錢，它還有一個層面的解釋為犧牲今天的消費來換取明天的消費，所以需要年輕人在這現在和未來之間做出恰當的選擇。

志偉現在還是在校生，沒有什麼家庭和其他的負擔，所以有比較大的能力去承擔風險。這時，他可以用閒錢去做一些有風險的投資，可以選擇定期投資，這樣也帶有強制儲蓄的作用，變相在幫助俊宏存錢。

志偉是大學生，但是這種方法同樣可以用在很多「月光族」身上，當他們抱怨每月收入扣除房租、買東西、交際等消費後所剩無幾時，就表明他們不是不想理財，而實在是「無財可理」，事實上，這些「月光族」的問題並非無財可理，而是跟志偉一樣缺少規劃，建議「月光族」理財，要從規劃自己的支出做起。

很多人有相似的經歷，每過完一個浪漫的情人節，就有捉襟見肘的感覺，那麼這類人一般就是名副其實的月光一族：每月薪水花光光，工作數年，收入不菲，仍然常常身無分文到處舉債。月光族理財，可以和俊宏那樣的大學生一樣，要從規劃自己的支出做起。透過記帳的方式，瞭解自己的支出結構並進行合理調整，在盡量不降低生活品質的前提下減少浪費性支出，是開始理財的重要一步。

只買對的，不買貴的

對奢侈品嗤之以鼻、買東西不講牌子講「實用」、用不著的東西再便宜也不買，如果在打折專櫃、批發市場遇到這樣的人，可千萬別以為他們收入微薄，他們往往深藏不露。而當收入不高卻高舉「預支消費」大旗的月光族，被捧為現代消費的時尚時，另一群收入不菲卻過著「摳門」生活的「新窮人」在城市裡誕生了。他們之所以被稱為窮人，是因為他們堅持「只買對的，不買貴的」。

「窮人們」不是沒有消費能力，實際上是不願意一股腦兒就掏錢瞎買；他們不是真摳門捨不得花錢，而是比一些盲目的「月光族」更明白該怎樣把錢用在該用的地方。他們的口號是：奢華不能表現生命的價值，節儉也不意味著生活品質的低劣。

錢程是一個外商企業的主管經理，每天以商務車代步，領著百萬年薪，二十九歲還沒有女朋友，是一個道道地地的黃金單身漢。上班時間應酬客戶的時候，錢程總是西裝筆挺，結帳時出手闊綽，用他的話來說是在用公司的錢給公司掙面子。而在平時生活

中，錢程就像換了一個人，他基本上過的是外人眼中苦行僧的生活，不挑吃穿，粗茶淡飯加不知名牌子的T恤、牛仔褲，偶爾給家人買衣服，也要等到商場打折促銷時搶購。

對於錢程的「摳門」，朋友、同事難免在背後議論，但是錢程卻不以為然。他對追他的女孩子說：「房價見天般的往上漲，物價也漲得厲害，可是我們薪水呢？沒見漲多少。妳買的那些名牌服裝有什麼好的，充個面子而已，面子又不能當飯吃。我們得把錢花在刀口上，不能只要面子，不要裡子。過幾年，有了孩子，父母退休，教育孩子，贍養老人的錢從哪兒來，不還得從現在的點滴省下來嘛！」

從一人吃飽全家不餓的青澀男孩，到現在這個為家庭現在、將來考慮的小男人；從只知道吃、喝、玩、樂的大學生，到計畫購屋，準備結婚，考慮投資的成熟人士，這個會賺錢又會花錢的成熟男人，在女孩子心中的地位變得越來越無人能及。

相似的故事發生在了江先生身上。江先生是一個私人醫院的董事長，固定資產達幾千萬。在外人眼中，他絕對算得上富豪，什麼衣物穿在他身上，看著都像名牌。但是，也許是經歷了童年的坎坷，創業的艱難，也許是受父輩節約光榮的傳統影響，江先生平時最常穿的鞋，都是妻子給他在路邊攤買的膠鞋；他的襯衫也多是幾百元的打折貨，襪

子甚至都充滿了補丁。

平時上班江先生常常放著轎車不坐，卻自己步行半小時。也在菜市場裡跟小販討價還價，但卻毫不猶豫捨得花上千元去買綠色食品。對於江先生的摳門，江太太解釋這是他的消費觀念：「他呀，該買的再貴也買，不該買的再便宜也不要，這些年來花錢都花在刀口上了。」在江先生眼中，給家人和自己的房子、車子自然都是「刀口」，另外最重要的一個就是健康。他還打算將一百多坪的別墅出租，到郊區去租一塊地，自己種有機蔬菜供給家人吃呢！

還有個故事，也許離我們很近。Kitty是媒體記者，是個典型的白領女性，她省錢的秘笈則是專挑二手貨，她一個月收入四萬元。對二十七歲、沒有什麼生活負擔的她而言，這些薪水足以讓她過上舒適的生活。Kitty和其他女孩子一樣，對穿的、用的有較高的品味，她的每一件衣服看起來都價格不菲，穿起來很高尚，而且她三大件齊全，筆記型電腦、數位相機、3G手機一應俱全，也都是名牌貨。但事實上，她買這些東西並沒有花太多的錢，因為她的秘訣就是專挑二手貨。

平時Kitty很喜歡光顧一些路邊小店甚至路邊攤，在那裡她總能找到適合自己又看起來很洋氣的衣服，當然最重要的是價格便宜。美容，她認為內在調理永遠比任何外用的昂貴化妝品重要，多睡一覺比做一天的美容效果都要好；而且食補也比這個膠囊、那個鈣片實惠得多。如此「摳門」的Kitty，在上班不到四年後，個人存款就已經有七十幾萬了。

可以看出這些「新窮人」，不是一般意義上的窮人，摳門也不是因為確實沒錢。實際上他們之中的大部分人收入遠遠高於城市平均收入水準，部分人甚至堪稱富有；他們也沒有out，他們懂得生活，有品味，不盲目一味地縮減開支；他們不是守財奴，其實他們的最終目的不是省錢，而是對生活資源的最優化配置。

「只買對的，不買貴的」，這是他們的原則。他們的目標是花最少的錢過最好的生活，他們不僅看重價錢、牌子，更看重性能價格比和消費時機。小魚去年上半年，花1650塊錢替全家人買了六條牛仔褲。說起來，很多朋友都不相信，1650塊錢別說買一條褲子，好品牌的牛仔褲，你半條都買不到。

但不好意思，這就是真的。一天傍晚，她去家裡附近的賣場購物，發現二樓衣服購物區裡有一大堆牛仔褲，價格牌上打出275塊錢一條。她摸了摸褲子，品質很不錯，她想

買一條給老公試試看。老公穿上一試，褲管長出許多。於是她讓裁縫師把褲管改短了。當老公把這性能價格比超高的牛仔褲重新穿在身上，嘿，跟穿名牌的感覺是一模一樣。於是她又回去給家人分別買了一條，一共六條。

有一次，當她忍不住把這個「奇蹟」告訴公司同事時，她們都佩服小魚會過日子。可是她們哪裡知道，小魚曾經在一家專賣店裡花了940塊錢買過一條超薄的夏天長褲。專櫃小姐當時向她介紹說這種褲子是今年的新產品，既超薄涼爽，又結實牢靠。誰知才穿了半個月，褲子突然褲襠脫線，使得她好不後悔。

其實，像小魚這樣的運氣並不常見，而平時當家理財，常會遇到是要買貴的商品，還是買適用

的商品這類矛盾。有個故事也許能看出一二。琤琤的老公工作的公司最近進行保齡球比賽，一等獎是一床蠶絲被，價值大約有一千五百多塊錢；二等獎是一個小號的蠶絲被；三等獎是一個大的雙人床棉被套。比賽的結果是：琤琤老公榮獲三等獎，得到了一床大被套。因為他們剛搬新家，原來的150公分的雙人床現在換成了180公分的新床，雖然已經買了一床被套，一洗一換，還正缺一床被套。她望著老公拎回家的獎品，打心眼裡感到，過日子需要是第一位的。而老公公司那位獲一等獎的同事還不滿意自己手中的蠶絲被，認為獎品不實在，它畢竟不是真正的蠶絲，是高級仿製的。他想用自己的蠶絲被換人家的棉被套，可是沒有一個人換給他。這就可以看出貴的東西不一定實用，也不全是好貨。相反，在大家心裡，需要的東西才是最好的商品。

過日子是買時髦的新品，還是買實用的商品？買貴的東西，還是去挑便宜貨？不要忘記，理財就是最大限度的資源優化，買最合適的遠遠要比買最貴的划得來。不買貴的，只買對的，這樣才能生活中不僅充滿質感，也會充滿美感。

錢包裡只留一張卡

有句俗語叫「便宜買窮人」，很多人為了貪圖便宜會辦了一堆卡，慢慢消費慾望就會高漲，變得沒有了節制。購物多了，總支出肯定就大了，而且刷卡刷的是卡，而不是掏錢，沒有錢過手的痛感，所以也不知道心疼。它給你一個錯覺，好像你很有錢，可以盡情地刷，其實忽略了一個情況就是，自己根本沒有足夠的支付能力。

人的慾望是無止境的，微不足道的薪水如果沒有節制，是餵不飽習慣大胃口的月光族的。常人最難控制的就是自己的慾望，能夠良好控制自己慾望的人一般都是聖人。平凡的年輕人都是常人，所以我們的慾望只能「被控制」，直到財務捉襟見肘時，消費慾望才會得到抑制。而各式各樣的卡會讓缺錢的困窘延遲顯現，而年輕人的特性就是得過且過，暫時看不到或者裝作看不到經濟的吃緊，不懂得節儉度日，自然就會寅吃卯糧，只顧眼前，不顧以後。看看吧！那些商家就是在利用著年輕人的消費慾望，他們不僅用層出不窮的新產品來誘惑，還雙管齊下用各式各樣的優惠卡讓我們墜入消費的陷阱，真是「陰險狡詐」啊！

曾經有一本叫《巴比倫富翁的理財課》的書，裡面講了一個奴隸致富的故事：奴隸達巴希爾逃出來以後，發誓要改變自己卑賤的身分，給自己和家人一個幸福自由的環境。但是，當時他身無分文，背負鉅債。為此，他制訂了一個嚴格的計畫，把打工賺來的錢這樣安排：

每次收入的十分之一儲蓄起來，絕不動搖。

每次收入的十分之二用來還債，雖然債主不滿，但總比拿不到錢好。

而每次收入剩下的十分之七則用來支付生活開銷。

大家一定都想知道結果吧！聽聽達巴希爾的原話：「這項絕妙的計畫一步步引領我邁向成功，使我能夠還清所欠下的一切債務，並且存下為數不少的黃金與銀錢。正因為如此，我急切推薦每一個企盼飛黃騰達的人能夠照此計畫不折不扣地執行。不妨想一想，假如這項計畫可以使一位昔日的奴隸如願償還所欠的每一分債務，而且還使他存下數量可觀的黃金，那麼它難道不可以幫助其他人也找到脫離債務、踏上財富自由的康莊大道嗎？我自己目前還尚未完全達成這個計畫，可是我堅信，假若一如既往、再接再厲地堅持執行下去，我必定會成為巴比倫的富翁。」

如何讓自己從一無所有的小青年變成擁有財富的人，學學達巴希爾吧！拋掉那些五

顏六色的卡，為了防備不時之需，可以留下一張信用卡。而信用卡有的時候也不是必須的，而儲蓄卡則是必須的。每一筆錢進帳，存一部分，投一部分，還一部分，如果幸運的你沒有債務，也可以將這20%也存進儲蓄卡，或者進行投資，剩下的就可以吃吃喝喝過自己的好日子啦！理財難嗎？不難，其實就這麼簡單，堅持下去就可以了。

菁菁講述了她的經歷。幾年前某大超市在派發會員卡時，排隊處的情景可以說是「彩旗招展，人山人海」，菁菁連著兩次起了個大早才領到它，這費盡千辛萬苦排到的會員卡也很管用，有卡就是比沒有卡消費低，這著實讓初涉社會的菁菁嚐到了持卡的甜頭。後來，一有機會參加應酬，她就詢問店家、商家有沒有貴賓卡發放。時間不長，她就收藏許多VIP卡，姹紫嫣紅，各行各業，應有盡有，好不熱鬧。

直到有一次，她家附近不遠處開了一家很氣派的美容院，在服務小姐的熱情介紹下，她辦了美容卡，一萬塊的會員卡享受兩萬五的服務，菁菁喜孜孜的回家了。但突然有一天，美容院的老闆人間蒸發了，留下了被法院查封的店鋪，她那張會員卡變成了十足的廢卡。

經歷這次美容院會員卡打擊後，她對錢包裡五花八門的卡採取了「清剿」行動。她將許多處於「睡眠」狀態，名存實亡的卡統統掃出了錢包，最後，挑挑選選，只留下市內幾家飯店和賣場的聯名卡。

而白領林小姐的持卡方式則是繳費卡和聯名卡比較固定。以前，她和菁菁一樣，手上有各式各樣的打折優惠卡。但是，沒過多久，她就發現很多優惠都是空頭支票。於是，每隔一段時間，她就自覺地開始清理卡，現在，她的錢包裡比較固定的有一張繳費卡和聯名卡。

她的工作特殊，需要經常坐飛機出差，她選擇了某銀行和航空公司推出的聯名卡。此種聯名卡除了享有一般信用卡的功效外，還能透過刷卡買機票來累積航空哩程，每消費40元可兌換一公里。聽起來很少，但是經常飛來飛去的林小姐覺得可以積少成多。兩年過去，她的聯名卡獲得了兩張2100公里的往返機票，她就把父母送到海外旅行一次，父母開心得不得了。

所以說卡不在多而在於精，用好、用精手中的卡，既能給生活帶來方便快捷，還能享受到很多意想不到的欣喜。

當好守財奴

精打細算，當好守財奴，是致富的一個方法。很多有錢人，不僅因為他們最會賺錢，所以他們也是最會花錢的。精打細算，明白錢財該何去何從才是富人的看家本領。

在一些奢侈品店，很多人隨意地大筆揮霍，這些人不是真正懂得運用金錢的人。而那些真正靠自己的努力成為鉅富的人，是不會把錢白白浪費在明知道是無底洞的地方。

對一個想累積財富的人來說，金錢的累積是從每一塊錢開始的。一個真正對錢負責的人絕不會因為一塊錢硬幣的錢少而放棄它。在他們心裡，他們知道任何一種成功都是一點一滴累積起來的，沒有當好守財奴的心態就不可能獲得更大的財富。守財奴的概念在他們心裡根深蒂固。

賺錢不難，用錢不易。有錢是好事，但是要知道如何使用更好。很多人雖然擁有著大量的財富，但這並不代表著他們隨意地一擲千金。金錢對他們是重要的工具，他們的理財觀念是：花一塊錢，就要發揮一塊錢的百分百功效。

錢在生活中的重要性毋庸置疑，錢可以生錢，所以要十分寶貝它們，當好守財奴，

把每塊錢都花在刀口上，充分利用每一分錢也有巨大的價值。

七年級生的小妻子們想要做好家庭小主婦，打理家庭資產，其實最怕的不是投資的風險，而是親戚、朋友借錢。投資的風險再高，也如潮水有跌就會有漲，而借錢基本上沒有什麼利潤可賺，而且風險比較大，有可能血本無歸。

同心的經歷很容易引起大家共鳴。她說一旦被借錢之後，好面子的自己都不敢和借錢的人聯繫，生怕別人說，才借這麼一次錢，就天天記掛著。經常是過了還款日期很久了，才想把錢要回來，一到那時候，她鼓足十萬分的勇氣，恨不得實現先打好草稿背無數遍，然後像扛起炸藥包一樣毅然決然地拿起電話，從今天天氣開始談到國際油價，從油、米漲價，然後到今年的糧食豐收，付帶的加一點育兒的話題……裡裡外外說了一遍之後，眼看就要談到錢了，對方輕飄飄的一句話，差點把她噎死：「對了，欠妳的那筆錢，不好意思哈，暫時還不上了，這不二女兒也要出國了嘛，正急著用錢呢！聽說妳老公公司股票又漲了，我這點錢在你們家也不算什麼了，朋友一場，妳看是吧！」

接連幾次都是這樣的情況，她真是一朝被蛇咬，十年怕井繩，現在只要別人來向她借錢，她恨不得把家裡的鍋、碗、瓢、盆刷個精光光亮端給他看：「看看看看，我家也

是嘛都乾淨！」即便如此，她還是經常被別人當作取款機，實在想不通，怎麼就有人的臉皮這麼厚呢？自己一把淚水一把汗賺來的錢，怎麼想把它們守住就這麼難呢？

但是她覺得雖然自己的錢確實寶貴，可是要真是碰上應急的[illegible]錢了，那也得掏腰包呀！治病也好，念書也好，人家可憐兮兮的找上妳了，不能置人家於[illegible]！做女人很難，代表的不只是自己，還是丈夫一家，可要有仁有義啊！不能讓人在背[illegible]樑，讓丈夫背上不仁不義的惡名。同心有時愁得團團轉，不知道該怎麼辦。其實[illegible]一個守財奴，還是有辦法的。

有人來借錢，借少的借，借多的找個理由拒絕

自己不是銀行，可以印鈔，對方來借錢可以商量，但是不好意思，多了沒有。這個借錢的數額必須在自家承受範圍之內，這個範圍怎麼丈量呢，就是萬一對方不能即時還錢，也不會給家裡帶來太大的經濟壓力，所以要把準備借出的錢控制在這個數額之下，超出了這個數額堅絕不借，誰都不是雷鋒，天天捨己為人。孟桐家就是一個典型例子，當年他姑姑姐弟情深，為了讓她叔叔有資金做生意，不僅把自己的存款全部借給了弟弟，而且還用自己的房子做抵押借了十萬元的高利貸，沒想到最後叔叔的生意失敗，姑

姑一家差點流落街頭。

急用的借，奢侈的窮人不借

人們一提來借錢，首先想到的是迴避，因為現在壞人太多了，自我保護還是有必要的。但是並不是所有人都是賴皮鬼，真有一些親戚、朋友是急用。那麼他們來了，什麼樣的人借給他，什麼樣的人不借給他呢？一個很重要的原則就是借急不借窮。來人如果確實是有急用，這是可以適當借錢解圍，但若是借了去做生意、買股票之類的，堅決捂緊荷包。不然，萬一對方虧了，就算告上法院告贏了也沒有用，最後吃虧的是誰，還不是自己!?

親戚、朋友間，如果有治病、上學等確實急用錢的，可以毫不猶豫地一定要借，即使知道這筆錢一時半刻不能還回來，還是得借。因為這筆錢對自己來說只是蹲在[illegible]的一個數字，而對借錢的人來說，就是挽救生命的希望，或者就是他們這[illegible]望。

不要為出手闊綽的人提供長期貸款

身邊有朋友是「半月光族」，平時消費出手闊綽，而且沒有儲蓄的習慣，總是月初薪水到手後，上半月還舊債，下半月又借新債，千萬不能為這種人提供長期貸款，即使他是你的閨房密友或者兄弟，這樣做了，先不說風險，就是對自己的錢財而言相當於被他長期佔有了，還不如把借給別人的錢拿去投資呢！如果身邊有這種人，寧願絕交，也不能為了所謂的「朋友」，把自己的血汗錢當成「肉包子」。

「親兄弟」更要「明算帳」

中國人講究面子，講究情分，一旦涉及錢財分配，好面子的人就會牽扯不清，引起糾紛無數。其實能不能把錢和情分開考慮，可以說是界定新、舊人物的一個重要標準……比較傳統的人物，不要說親兄弟，就是朋友之間帳都算不清楚。你要是和我談錢，俗！別做我的朋友！而新時代青年，不要說親兄弟明算帳了，就是夫妻之間帳都算得極其清楚，談感情多傷錢，咱們還是先算清錢，再談情。

親兄弟明算帳，這句話耳熟能詳，無論老少也贊同，但其實說著容易，做著難，在中國人眼裡這世上最難算清的也許就是「兄弟帳」。一般百姓的家庭財務糾紛，大部分都是兄弟姐妹間的財產不清，這種事情其實是最傷感情的，幾筆錢財讓原本和和睦睦的一大家人最終形同陌路。所以說，一個家庭因為婚姻或者老人去世而「分家」時，一定要把財產理清，親兄弟之間也要把帳算明白，否則後患無窮。

清弦的老爸老媽早年在老家置了地，蓋了樓，照說清弦也是「地主」之後，也可以整天養養狗，遛遛狗，上街逛逛。沒想到，命運卻意外地轉了個彎，爸媽的房產居然變

成了銀行的抵押品。

那麼，命運的這個小曲折是怎麼來的呢？

話說當年，目光遠大的清弦老媽極力慫恿老爸在他的老家蓋樓，那時老爸老媽都在外地工作，自己的資金也不足，所以才和清弦大伯、叔叔一起蓋樓，算是清弦爸爸、大伯、叔叔三兄弟的股份制合作。叔叔當年也就是二十歲出頭的小伙子，沒有多少錢，不過他的「後臺」夠硬，有他奶奶「撐腰」呢！不要小看她這個身材小小、半文盲的奶奶，她和清弦爺爺就是靠著一輛板車做小生意起家，厲害著呢！

但家庭股份制有它的弊端，最後的局面演變成，奶奶成了最大的股東，她出資三分之二，清弦爸媽出資三分之一，大伯負責出力。說實話，大伯為了這棟房子真可謂鞠躬盡瘁，房子蓋到最後，他累出了肺結核，竣工那天吐了好幾口血。好在這棟房子終於蓋起來了，三層樓，底層有三個店面，還有一個大大的院落。叔叔既沒有出錢又沒有出力，卻坐享1/3的股份，清弦媽媽和伯母雖然腹誹頗多，但是婆婆疼幼子，做兒媳婦的又能多說什麼呢？

房子建好之後，由於清弦奶奶出資最多，是最大的股東，所以土地所有權狀上毫無爭議寫的是奶奶的名字。清弦爸爸不幸去世之後，老媽就開始超級憂慮那棟房子的問題了，而事實也證明老媽的擔憂是有道理的。

從清弦這個孫女的角度來看，奶奶絕對是一個好奶奶，但是從兒媳婦的角度看，婆婆就不是一個好婆婆了。清弦奶奶是一個甚是精明的老太太，她擔心清弦媽媽改嫁，將房產帶入外姓，所以說什麼也不肯分家。狹路相逢勇者勝，兩個女人「爭鬥」，是撒野耍賴的老太太勝出。老媽沒有同盟軍，面子薄，不願撕破臉，最後還是退讓了。不過老媽也留了一手，就是請左鄰右舍做一番公證，寫下了一張分房契約，證明那棟樓的產權有三分之一歸屬到她家唯一的男丁——清弦弟弟的名下。於是，「皆大歡喜」地結束了第一輪房產爭議。

後來，那張分房契約做為戰鬥成果被清弦老媽看得無比寶貴，用棉布包好放進鐵盒，再放置到一個連清弦都不知道的地方，還不定期的拿出來看看，梅雨季節要曬曬，還要防止蛇、蟲、鼠、蟻，清弦看來，就差打個板子供上了。但是，心願再好，在命運面前，也無能為力，不具有法律效力的那一紙公證，就是燒香供著它也沒用。

大約是在1996年左右，中國政府開始緊縮銀根，中小企業的資金驟然吃緊起來，她叔叔的工廠因為資金突然中斷，暫時陷入了危機。在四處借錢維持運轉的同時，神奇的叔叔又異想天開，居然想透過賭博獲得大筆資金，他又不是賭王，自然越賭越輸，於是資金更加吃緊。最終，走投無路的他打起了那棟老房子的主意。

清弦奶奶一向就疼愛這個小兒子，小叔的愛好、想法、做事風格、喜好有幾分遺傳自她，於是偏心偏到火星的奶奶也沒和家裡人商量，就直接把土地所有權狀給叔叔辦了抵押貸款。等到清弦媽媽和伯母知道時，叔叔已經欠下了上百萬元的外債，兄弟姐妹、七大姑八大姨都成了他的債主。

而那棟承載著太多回憶的老房子，早已經變成銀行的抵押物了。這對清弦媽媽來說不亞於「晴天霹靂」，於是趕緊拿出分房契約來，想保住自己的那份房產，但人家銀行可不認，銀行說，房產所有人按了手印同意抵押貸款，這是法律上承認的，至於這個房子其他所有人有什麼意見，那是家庭內部的事，跟我們銀行無關。

該找誰？清弦媽媽還能找誰呢？難不成還抓著老太太打一巴掌？其實，老太太比誰都後悔，精明一世糊塗一時，但自己最疼愛的小兒子急需用錢，能不心急地去給兒子幫忙嗎？

清弦媽媽心裡這個悔啊！要是當年更潑辣一點、強悍一點，直接上法院進行財產公證，哪會到今天這個地步啊？原以為分房契約能讓自己和孩子的財產有個保障，可是面對銀行的高額貸款，這張她視為珍寶的分房契約與廢紙無異。於是，清弦媽媽逢人便說：「我好後悔，我本以為分房契約是有用的，沒想一到銀行就成了廢紙。」

那時清弦正在讀大學，每到寒暑假回家，耳朵裡天天充斥了老媽的長嘘短嘆。那時，清弦對媽媽的愁苦還沒有多麼深刻的體會，有時候甚至覺得她有點「煩」，直到她工作幾年後，面對工作城市天天高漲的房價才讓她瞬間體會到了媽媽無法擺脫的憂慮和不甘。本來是自己種下的搖錢樹，一心一意等它長大，居然被移植到了別人家，然後看著別人搖錢下來，那種痛苦，常人難以體會。

母親的教訓深深地觸動著清弦，從那以後，她一向主張親兄弟明算帳。關於房產，她寧願自己咬牙貸款，也不借錢或是合夥，而且產權不明的樓房她堅絕不買。

前一陣子，清弦公公看中了鄉下的一棟小樓，想要清弦家和清弦丈夫哥哥家共同出資買下來。一聽房子是小房，沒有辦法辦土地所有權狀，她就沒什麼興趣了。幸好她老公的哥哥首先投了否決票，否則她還得出面拒絕。她寧願自己出全資買正規的房子，土地所有權狀上寫丈夫的名字，然後讓公公婆婆去養老，也不想再鬧一回不明不白的兄弟爭房記。

清弦家的故事可以給大家上了一堂生動的理財課——親兄弟真的也要明算帳！不要礙於面子，在親情面前放不開，長遠來看，這時傷人傷己，大方坦率的與「兄弟」談好價碼，給自己也給別人鋪一條相對公平穩妥的未來之路。

警惕消費陷阱

每逢春節將至，消費市場又將掀起消費狂潮，年貨購買戰正在如火如荼地進行。這只是食、衣、住、行的一部分。精明的商家們早就盤算著怎麼賺個「盆滿缽滿」，各種促銷手法紛紛登場，傳統的、新穎的、另類的……假日消費浪潮中，商家各種促銷手法齊上陣，是「免費的午餐」還是另有「陰謀的蘋果」呢？來看看「業內人士」是怎麼分析的吧！

首先，不要相信商家會打折拋售，讓利出血，他們只會吸血，不會放血的。

逢年過節，打折是商家最常用的手法。某商場年前經常會看到某高檔皮草店高舉「買三萬送一萬」的大旗，看得人「蠢蠢欲動」。服務小姐熱情地接待顧客，一個勁地向人們推薦她們的產品。

其實，商家促銷打折本在情理之中，但現在這種方式被許多商家濫用。現在可以看出來，一些商家標出的價格是虛價，價格「虛高」氾濫。除了這一點，還有很多買多少

送多少的「噱頭」，往往隱藏著「循環消費」的陷阱，所以消費者，尤其是購物衝動強烈的年輕人，在購物中一定要保持理性，算一算到底是不是真的合算。根據以往經驗，打折的商品，有不少不是把「原價」人為提高很多，就是品質存在一定的問題，或者款式過時等，所以買東西時要認清形勢，權衡之後再做出決定。

其次，不要拿著貴賓卡，就把自己當貴賓了，這張卡其實並不「尊貴」。

去年元旦期間，放假在家劉小姐就碰到一件很有「意思」的事情。劉小姐有位很要好的朋友來拜訪，她們逛完百貨公司就到附近某餐館用餐。

前不久，她與男友在此用餐後，服務員送了她一張貴賓卡，說以後消費可享受九折優惠，並特別強調不是每個人都給的。劉小姐當時很開心，這會兒特意又來了他們家，希

望能享受到經濟又實惠的服務。落座後，劉小姐與朋友點了餐。結帳時劉小姐發現只有青菜打了個九折，向服務員詢問，服務員說貴賓卡只對青菜打折。彭小姐很憤怒，就像是被人騙了，這算什麼貴賓卡。

其實這是一些餐飲店常用的手法。去飯店消費時，商家事先聲稱的八折、九折等優惠條件，通常都是有限制性的。一般只少數菜式打折，甚至只價值很低的菜品在撐著「打折」的門面。

還有一些商家會虛設大獎陷阱來誘人上當。在一些購物場的入口處，一些零售商採取「贈」禮券、抽獎券等手法纏住消費者，然後「脅迫」消費者購物或將消費者引入循環消費的陷阱；有的則透過設置「購物送大獎」的方式，承諾顧客購物達到一定金額，就能參加各式各樣的抽獎活動，以循環不斷的蠅頭小利來吸引消費者進行循環滾動式消費。這些手法雖然拙劣，但是上當的人前仆後繼，消費者尤其是年輕消費者一定要謹記，不要貪圖小便宜，遇到這種纏人的商家，能躲即躲。

在提防「中大獎」的同時，也要提防「消費儲值」陷阱。

很多商家陸續推出「消費儲值」業務，他們鼓勵消費者購買一些公司的「消費儲

值」卡，有卡的消費者在其消費達到一定數額時，可獲得豐厚的獎勵。由於一些商家片面誇大「消費儲值」的額外報酬率，一些消費者誤將「消費儲值」做為一種新的投資方式，引發了大量為獲獎而盲目消費、亂買東西的行為。

此外，一些加盟商家為了獲取更大的利益，往往會趁機暗抬商品或者服務價格，其實，消費者在看到肥肉的同時，就應該看到肥肉後面的吊鉤，有沒有想過如果商家的支付資金發生困難，沒有能力兌現承諾，消費者的「投資」將怎麼收回。商場不是國家銀行，有整個國家做保證，這個小小店鋪怎麼可能給你那麼穩妥的利潤回饋呢？

現在人到哪裡都離不開消費，一定會是消費隨身而動，人走到哪裡就會消費到哪裡，但是不可避免的是消費得越多，可能遇到的消費陷阱也就越多，尤其是一些黑心的不法商家，有意設置好了各式各樣的圈套，讓消費者真假難辨，頭痛異常，稍不留神就會中招。所以說謹慎支出，當心陷阱才是理財必備。

省下的就是賺到的

丹丹兩口子拿錢是典型的「快進快出」型，老公公司效益好，錢來錢去如流水，花起來也就痛快。而且，丹丹的老公喜歡打麻將，數額還越來越大。丹丹心裡隱隱有些擔心，在閨房密友提醒下，悄悄存起了私房錢，平時花錢上省一點，業務留存多一點，兩年下來，居然存了將近兩百萬的私房錢，而且老公一點都沒有發覺。

丹丹和老公的感情很好，存私房錢並不是不信任老公，只是擔心老公打麻將上癮，越賭越大，留點私房錢好應急。丹丹自己都沒有想到，原來自己兩口子的夫妻檔能有這麼大的利潤，一年的私房錢都比別人的年收入高很多，也暗自後悔原來的開銷實在太大了。後來，丹丹又怕這麼多錢讓老公發現傷了感情，就偷偷買了一間小公寓，裝修後租出去開始收租金當包租婆。

哪知後來風雲突變，出口行業受到打擊，兩口子的夫妻店主要是以第三方物流為主，近半年都接不到訂單，資金一下吃緊起來，老公愁眉不展之際，幸好丹丹賣掉了這間小公寓後，還淨賺了不少，不僅補足了資金缺口，也保證了家裡的生活品質。現在，

生意恢復運轉，公司利潤不僅不減，還有所上升。

私房錢曝光後，老公不僅沒有責怪丹丹，還連連稱讚她有遠見，是旺夫、旺家之人。是啊！有這樣的女人，做老公的只能沒事偷笑了！

其實，私房錢和家庭的關係，比較像軍隊和國家的關係。軍隊的存在是保障國家安全的，但如果軍隊過於龐大，導致軍費開支過大，就會影響國家的正常運轉。女人就像軍隊，可以存一點私房錢，保證自己在婚姻中的安全，但是私房錢不能過多，私房錢過多勢必會影響夫妻感情，嚴重時甚至可能會導致婚姻的破裂。所以說，藏私房錢不要緊，但要有個額度，總括說來有以下四個原則。

首先是因人而異。

在積存私房錢上，不同的家庭妻子應當採用不同的策略。如果丈夫不良嗜好較多，例如抽菸、喝酒、打麻將等五毒俱全或者對家庭不忠誠，有出軌傾向，那麼做妻子的就有必要多存一些私房錢。這樣，一旦因丈夫荒唐消費而使家庭財務捉襟見肘時，私房錢可以派上用場；甚至萬一丈夫有了外遇導致家庭破裂時，私房錢又可以做為小主婦的「補償」。

當然，如果女孩子自己存私房錢，就不能限制老公也存私房錢，總不能「只許州官

放火，不許百姓點燈」吧？另外，如果夫妻一方對存私房錢這事非常忌諱，這時最好的辦法就是將各種收入透明化，或者實行AA制。在某種意義上說，兩人AA制實際上都是存私房錢，比較公平合理，也就不會因一方擅自存私房錢而引發家庭衝突。

其次是數額適度。

不可否認，婚姻中夫妻雙方都有照顧家庭、提高生活品質的義務，如果私房錢扣得太多，勢必會影響整個家庭的正常收支；如果太多，那就不能叫私房錢了，恐怕會有「叛逃」的嫌疑。因此，存私房錢應根據家庭收入情況而定，數額不宜超過家庭總收入的十分之一。

第三是要有益於家庭。

這是存私房錢的最終目的。私房錢雖然是「見不得光」的，但私房錢的用途不能「隱而不見」，不能將私房錢用於賭博、嫖妓等不當消費和開支，應「取之於家，用之於家」。比如，可以在逢年過節、生日、紀念日之際，為老公或孩子購買禮物，讓家人感到驚喜，這樣家庭會更溫馨；如果老公的父母或是其他親屬因看病等原因急需用錢，這時如果能主動拿出私房錢，會有「雪中送炭」的作用，整個婆家都會對妳另眼相待；如果孩子考上大學，用私房錢繳學費，這時私房錢又會有「錦上添花」的作用……如此一來，私房錢實際上成了家庭的「儲備金」。同時，私房錢還可以用來孝敬父母和維護一些必要的親友關係，這樣又成了「親情維護金」和「交際活動金」。當然，無論做什麼用，私房錢的最本質作用還是以備不時之需。

最後一個則是私房錢投資增值。

吳先生是錢幣收藏愛好者，但是吳太太卻認為他「不學無術」，所以他只好偷偷積存私房錢來進行收藏投資，六年多的時間裡，他先後投入七十五萬多購買了40枚袁大頭老銀幣。後來，高中畢業的兒子將赴澳洲留學，家人正為學費而一籌莫展之時，他看好時機將袁大頭拋出，大賺不少，解了燃眉之急。

可能相對於家庭總積蓄來說，私房錢的數額較小，於是許多人便隨意存在銀行甚至將現金東掖西藏，忽視了對這些錢的打理。其實，無論錢多錢少，都需要像對待家庭資金那樣去理財。例如老吳，他的私房錢也不是太多，卻實現了很高的收益。所以，私房錢可以選擇基金、收藏、股票等收益較高的投資管道，即使有一些風險，對家庭生活也不會有多大影響，投資收益高了，還會為家庭錦上添花。

珍愛錢包，遠離債務

誰都不想欠人債，但是世事難料，說不定什麼時候就會資金短缺，陷入困境，那麼不可避免的就會牽扯到債務。但是人們在借錢花之前應該對自己未來的收入情況有一個比較現實的預期，否則，一旦未來的收入水準降低，現有的良性債務可能會轉化為不良債務，使生活陷入困境。新時期的債務不是簡單的借錢還錢那麼簡單，這裡面還分出了良性債務和惡性債務兩種。

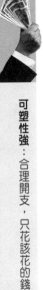

債務有不良債務和良性債務之分。所謂良性債務就是正常生活中的財務支出，例如個人購買住屋向銀行貸款，而且月還款金額不宜超過月收入的30%，這樣的債務就是屬於良性債務。

房子是種商品，而且在年輕人的生活中是一種具有特殊意義的商品，擁有自己的房子會給一個人帶來內心的平和和安靜，會給自己和伴侶一種家的感覺。愛情秘笈裡有一句話，要給女人一個家，就應該給她一間房子。擁有自己的房子是很多人的一個夢想，房子又是一宗大數額的消費品，購買房子需要花費大筆的錢，購屋子的人如果一時難以

承擔全部價款，就會向銀行適當地進行貸款，這已成為很多購屋人心中必走的一條路。但是在購買房子的時候，一定要嚴格控制貸款的比例。

要把每月的抵扣額控制在月收入的30%以內，在向銀行貸款的時候，銀行通常要求購屋人每月的還款金額不要超過家庭月收入的50%，如果還款比例達到或者超出了月收入的50%，從銀行來看還款人就不具備財務的彈性，因為一旦收入減少，就很容易使購屋人陷入財務困境。現在社會上出現了很多房奴，就是因為每月還款金額嚴重超過了自己的支付能力。

如果能夠將還款金額嚴格地控制在月收入的30%以內，就會在住上自己房子的同時，在財務上處於一個安全的境地。30%～50%之間就給自己留出了足夠的彈性，不至於因為收入的突發狀況背上沉重的財務負擔。所以說購買房子，將還款比例控制在月收入的30%以內，屬於債務中的良性債務。在現實生活中，有很多年輕人在貸款購屋子後，他們每個月向銀行還款金額約佔月收入一到三成，這樣就沒有壓力背負惡性債務，可以舒服踏實地住在自己的房子裡啦！

總而言之，不良債務包括房貸在內，主要有以下幾種：

第一種是上面說的貸款購買房子時，每月的還款金額超過月收入一半的債務。因為

這樣會使借款人缺少財務彈性，會背上沉重的財務負擔，受到巨大的財務壓力，甚至陷入財務上的困境。

第二是貸款購車。一個人買車，如果使用貸款，那本身就說明這個人的財務有問題。汽車是一種持續消耗資金的消費品，購買一輛車之後，每個月的汽油費、停車費、修車費，每年的車險費、保養費，還有違規的罰款等都會讓購車人持續地花錢。而汽車又是一種貶值非常快的商品，如果買了一輛新車，十分鐘之後想賣出，可能只會賣到原價的80%；如果是一年後再賣出，最多只能賣出原車價的50%。因此貸款購車對購買人來說是一種非常不好的債務，它會持續地吞噬你的現金，使原本就不太好的財務狀況更加惡化，社會上出現的車奴大都是貸款購車一族。

第三是信用卡消費。

背負債務的原因有三大點：

首先是，對事業發展缺乏合理的預期。社會上常常會見到年輕人比中年人敢花錢，年輕人更比中年人敢借錢花。究其原因，是因為年輕人覺得自己年輕，賺錢的機會很多，借的錢一定能還清。總而言之。很多年輕人對自己的未來抱著虛無的幻想。但現實生活跟他們的想像有很大的差距，生活要比他們的想像殘酷得多。就業難，賺高薪更難；就業人員年輕化，競爭壓力大等等。

其次就是衝動消費，這點在女性身上尤為明顯，美容、減肥、漂亮的衣服、老公的健康等等都是女性消費的理由，消費多了，債務就多了。

最後出於生活的無奈選擇。

生活中，如果肩上的債務背的越來越多，就要為此付出不少代價，讓生活失去現金、失去自由、失去滋味、失去應該有的一切。

那麼年輕人應該怎麼樣規避債務呢？

最好使用「四件套」法則，所謂「四件套」則是：養成量入為出的習慣、盡量延後滿足自己的消費慾望、慎用信用卡消費、多用現金付款。

如果你已經成為了負債一族，就應當想辦法償還債務。

建立償債基金，償還本金：為了徹底擺脫債務的困擾，應該建立家庭償債基金，償債基金等於現在每月的固定還債金額加上每月額外的強制儲蓄再加上薪水以外的獎金及其他非正常收入。建立償債基金後，除每月按時還款外，盡量累積資金用於償還款的本金，因為只有本金償還了，才能減少利息的支付。

最後還是要建議一下還債的順序：如果同時背負了房債、車債和卡債，建議按先還卡債，再還車債，最後還房債從小到大的順序來償還債務。

花錢態度測試

海鮮全宴上桌啦！打頭陣的是一條香氣四溢的大石斑魚，出了名的鮮美甘醇，看得口水都快流出來了，趕快拿起筷子，先下手為強。這個時候的你，該從哪個地方下手呢？

A、魚頭

B、魚腹（中間）

C、魚尾

D、沒有特定地方，到處亂吃

答案：

選擇A：

你是那種只要看重，費盡波折也要買到手的樂天派性格。雖然有節約省錢的意識，但是不代表能控制住大筆消費的衝動。不過大筆的消費次數並不是很多，主要原因在於你的眼光比較挑剔，能看上的東西不多。

選擇B：

恭喜你，百貨公司會很歡迎你，因為你是屬於控制力較差的盲目購物類型。只要喜歡，就會掏錢，不在乎價錢，尤其適合自己胃口的食品和衣服。所以，再不控制的話，就會成為負債一族啦！

選擇C：

你是標準的一毛不拔的鐵公雞。就是夏天買褲子都要考慮要不要買條長褲，這樣秋天還可以接著穿，雖然夏天穿熱了點。絕對夠小氣。

選擇D：

確立你的目標吧！要不又得忙到三更半夜也沒有成果的人。花錢的態度更是無所謂，甚至，還會大方地把錢交給別人處理。

花錢能力測試

測驗進行方法：這裡是幾句對話，請在最後一個省略號處選擇一個你覺得和你比較合適的答案。然後將分數加起來就可以知道結果了。

A＝5分 B＝3分 C＝1分

1、深夜，你有朋友打電話來。

「我明天要不要跟他告白呢……」

「去吧去吧！加油！」

「可是……我被他講成那樣……」

「……」

A、說來聽聽。

B、不用太在意啦！好，那就先這樣……

C、我要睡了，下回再說。

2、「濱崎步的歌真不錯。」

「之前出的CD我有買哦！」

「真的？好好哦——」

「…………」

A、要我明天帶來嗎？

B、我再聽一陣子就借你。

C、去買吧——絕對好聽。

3、「我有喜歡的人了。」

「誰？找他一起出來玩嘛！」

「嗯，這個嘛——」

「沒想到，居然是跟你不和的人。」

「…………」

A、包在我身上！我們來好好計畫一下。

B、我跟他合不來——傷腦筋。

C、不行不行，那種傢伙，我看還是算了吧。

4、「那件衣服，會不會有點露？」

「會嗎？我還覺得土哩！」

「夠了，看起來也夠騷的。」

「…………」

A、我想挑戰成人的味道，合適吧！

B、被你這麼一說好像也對哦！

C、你管我！管人家怎麼看，這是我的自由。

5、「喂，這禮拜天要不要去看電影？」

「好啊！要看什麼？」

「得奧斯卡獎那一部啊！」

「…………」

A、好啊！早點去應該就有位置吧？

B、現在人還很多，下禮拜再去吧！

C、哎呀，人很多耶，換別的吧！

6、「咦！那個包包是PRADA的？」

「嗯。」

其實，只是在折扣商店買的仿冒品。

「大概多少錢買的？」

「………」

A、其實不是PRADA啦！

B、我忘了，大概8萬左右吧！

C、秘密。

7、「肚子餓了，午餐要吃什麼？」

「什麼都好。」

「我要吃咖哩。」

天啊！昨天、前天都是吃咖哩。

「……」

A、OK。

B、對不起，最近老是吃咖哩，吃點別的吧！

C、可是我想吃漢堡。

8、「喂，你覺不覺得有煙？」

「嗯嗯，火災嗎？」

看來，應該是公寓樓下發生火災了。

「怎怎怎怎麼辦？」

「……」

A、快！叫消防車！

B、你問我，我我我要問誰啊！

C、存摺！不對！衣服！咦？

看看自己的答案吧！33分以上為A，24～32分為B，16～23分為C，15分以下D。

A、關鍵時刻肯花大錢

你所擁有的「潛在花錢能力」極高。遇到要花錢的時候，你會毫不猶豫的出手，覺得「該我花錢的時候到了」。而且不但對花錢時刻的把握很準，花錢也很有膽量，即使一下子砸出一筆大錢，卻連眉頭也不會皺一下。很多朋友都說你敢花錢。甚至，說不定還有「錢不花在正確的地方」這種評語出現。不過，不用放在心上，之所以會有這種傳聞是因為對方比不上你，沒有大筆花錢的勇氣。

B、要抓住花錢機會

你所擁有的「潛在花錢能力」相當高。如果遇到非花不可的狀況，一瞬間，你的第六感就會開始冒出來。不過，雖然在你看到機會時，你的理性偶爾會跑出來阻擋你，叫你稍微等等，但機會往往就這樣跑掉了。所以你要對自己的知覺更有信心，如果有「現在要花錢」的感覺就別想太多，直接處理，你潛在能力就會受到琢磨，慢慢的，只要花錢的時機一到，你就可以抓住。

C、培養眼光，即時出手

你平常花錢的機會可能不少。不過，一旦有了狀況出現，需要你發動潛藏的「花錢能力」時，你所展現的魅力卻並不出眾。即使有物超所值，值得花大錢買的東西出現你眼前，你還是會說「好貴」。就因為這樣，結果你買了一大堆便宜貨，反而浪費。為了避免這種情形在你身上再次發生，你要從平常就培養更有效率的花錢習慣。如此一來，你的靈感才會準確。

D、花錢的動力太低

遇到必須花錢的緊急情況，你的潛在能力幾乎為零。其實你是非常節儉的人，在平常生活中，你花錢的能力便相當低。雖然節儉可以讓存款增加，也是件好事。不過花錢的能力薄弱，吸收金錢的能力也不會太強，可能會因為這樣，沒有動力吸金，收入同時跟著減少……所以，適當的讓自己過得寬鬆一些，好讓金錢流動的速度更為活潑，這樣才有開源的機會，賺到更多！

FEDERAL RESERVE NOTE
THE UNITED STATES OF AMERIC
D 201511
WASHINGTON
THIS NOTE IS LEGAL TENDER
FOR ALL DEBTS, PUBLIC AND PRIVATE
D
SERIES 1995
ONE DOLLAR
April
May

中篇

白銀時代

30歲「生錢」篇

延展性強

最好的「理財」方式是創業

在琳瑯滿目的首飾中，白銀做的首飾款式很多，樣子也非常好看，這就是因為白銀有非常良好的延展性，容易加工成各種款式。三十幾歲，被追求和理想添滿的年紀，被成功和失敗都訓導過的年紀，可伸可縮的年紀，使得理財也同樣具有「延展性」，讓生活更精彩。

思路決定你的金錢擁有量！

有這樣一位花甲老人，大兒子、二兒子都成了家在大都市工作，只有小兒子和他相依為命，但兩個人的生活十分拮据，他們並不快樂。

一個外地人對他說：「老伯伯，我想給你的小兒子在大都市找一份工作！」

老人非常生氣地說：「不行，你快滾！我不想讓我的兒子離開我。」外地人說：「如果我給你的兒子找個妻子呢？」老人惡狠狠地說：「少廢話，快滾！」他邊說邊拿起木棍。外地人後退一步說：「如果我給你兒子找的妻子是大富豪的女兒呢？」老人聽到這裡便笑著答應了。

幾天後，外地人找到了這個大富豪：「先生，我想給您女兒找個丈夫。」大富豪冷冷地說：「不需要！」

外地人又說：「如果我給你女兒找的丈夫是世界銀行的副總裁呢？」大富豪沉思著答應了。

於是，外地人找到了世界銀行總裁：「先生，你應該馬上任命一位副總裁！」世界銀行總裁覺得眼前這個人是不是腦子有問題：「你在說什麼先生？你在開玩笑嗎？」

外地人胸有成竹地說：「如果你任命的這個人是你們這個城市中大富豪的女婿呢？」總裁聽後當然沒有拒絕了。

就這樣，富豪的女兒嫁給了老人身為世界銀行副總裁的小兒子，而這個外地人也獲得了一大筆金額的獎賞。

上面的故事告訴人們要勇於打破思維定勢，學會想各種思維模式，創造性地開拓市場。還要善於另闢蹊徑，也就是在打破思維定勢之後，從思維定勢之外選擇最佳思路後你就會發現，其實很多時候只要換一種思路，一些看似困難的事情就會迎刃而解。

有一天，一位賣梳子的商人看到一位寺院中的長老從這裡經過，就死纏爛打地讓長老跟他買梳子，長老看著這個人覺得很奇怪說：「這位施主，貧僧乃出家人，我不用梳子啊！」

但是這位賣梳子的商人還是不停的乞求：「您大慈大悲，我半天都沒有開張了，您就可憐可憐我，買一把吧！」

長老看到那個人很誠心就給他買了一把梳子。

隨後，另一個商人看到如此情況，就對長老說：「你買我的梳子吧！你的善男信女，從遠方來風塵僕僕，頭髮髒亂啊！如果你能在案上放幾把梳子給他們用，他們會很感激你的。」

長老聽了有道理就立刻買了十把梳子，最後那個商人對長老說：「長老你能不能在我的梳子上題個字？」長老點頭答應，並題了個佛字，簽上名。

長老走後，這個商人就拿了五百把梳子仿效長老題的字和簽名。開光那天前來朝拜的人絡繹不絕，做為開光信物的梳子五百把一下子供不應求，再趕五百把也供不應求，後來，這個商人又找到長老再叫長老題字，長老題了「佛緣」兩字，商人又賣出一千把。

當初那個乞求長老買梳子的人已經回家耕田了，但是這位聰穎的梳子商人的生意卻是日益升高，財源簡直是滾滾而來。

所以同樣的產品、同樣的寺院長老，不同的思路決定了不同的財路。只有飽和的思想，沒有飽和的市場；市場並不缺，缺的是發現，缺的是獨具匠心、別樹一格的思路。

這就是思路決定財路，有什麼樣的思路，就會有什麼樣的財路。世界上沒有死巷子，換一種思想，也許一切都將會柳暗花明。任何成功最初就是一個思路，任何失敗最初也是一個思路。

說美國推銷員與澳洲推銷員同時到一個非洲的小島上推銷皮鞋。由於酷暑炎熱，非洲人向來都是光腳不穿鞋的。他們抵達後，美國的推銷員看到非洲人都赤腳，立刻皺起眉頭：「這些人都不穿鞋，怎麼會要我的鞋呢？」而澳洲的推銷員看到非洲人都打赤腳，心裡十分高興：「這些人都沒有皮鞋穿，這皮鞋市場會多大啊！看來我要發了。」不久，他們都向各自的公司發回了電報，美國人的電報是：「由於當地十分炎熱，此地人均不穿鞋，產品無前途，本人即回。」澳洲人的電文是：「此地人，均光腳，他們都沒有穿過鞋，產品潛力極大，我打算常駐此地。」

第二天，澳洲的推銷員首先找到土著長老，他對長老說：「你穿上我的鞋子吧！其他人都沒有鞋子，你看自己多神氣，跟別人多麼的與眾不同呢！」土著長老心動了，打算買一雙皮鞋，在土著祭祀大會上穿上。推銷員又說：「回到家裡穿皮鞋多不舒服，我這裡有休閒的拖鞋，你可以買一雙嘗試一下！」這樣，一雙拖鞋又銷售出去了。在推銷員的建議下，長老又買了一雙運動鞋，在打獵時候穿。當然，長老又買了襪子、鞋墊，這樣穿著才舒服。很多人看到長老穿了鞋子，自己也就跟風一般紛紛穿上了皮鞋。

隨後，澳洲推銷員則留下來張貼「廣告」。他的廣告沒有文字說明，只是畫著一個當地人模樣的壯漢，腳穿皮鞋，肩扛虎、豹、狼、鹿等獵物，威武雄壯，煞是好看。當地的土著看了這張廣告，紛紛打聽在哪兒能弄到那廣告畫面上的壯漢腳上穿的東西，於是澳洲推銷員所推銷的皮鞋逐漸打開了銷路。

而原本要走的美國推銷員知道澳洲推銷員的所作所為以後，覺得這個澳洲人的做法很有道理，就也待在非洲推銷他們的皮鞋，他們都賺到了非常多的錢。

「面對推銷鞋子」困難的事實，即時轉換思想，換條思路，就會開闢一條嶄新的財路。故事中的澳洲推銷員，知道「售鞋」很難，他沒有像別人那樣畏首畏尾，放棄了推銷鞋子的念頭，選擇了一種新思路。「思路決定財路」，只有飽和的思想，沒有飽和的市場。市場無處不在，缺的是「發現」，缺的是獨具匠心、別樹一格的思路。當然，光有思路沒有行動也不行，同樣不會在短時間內發大財。切記沒有人能打敗你，除非你自

己。你還必須不斷的總結，不斷的改進，採用更好的方法。所以，你還要學會：養成良好的習慣。

在此，我們還要知道在決定一個人成功的因素中，體力、智力、精力、人脈、接受教育的程度都在其次，最重要的是一個人思想能力的大小！有史以來所有成功的案例都反覆證明一個道理，一個人在銀行有多少存款、在社會上有多少名望，以及對物質和精神滿足程度的深淺，主要依賴於一個人思想能力的大小。所以說，高瞻遠矚的思想是神奇無比、無堅不摧的。

釣竿，你有了嗎？

有人說：「生命是一條美麗而曲折的小徑，路旁有美麗的蝴蝶，多汁的水果，但我們很少去停留觀賞，或細心的琢磨它，只一心一意地渴望趕到我們浪漫唯美的大道當中去。然而在前進的旅途中，卻逐漸樹影婆娑，彩蝶盡失，果實腐爛，最後終於發覺到達一個荒漠。」

其實，創業的夢想總是與痛苦成正比。夢想越多，痛苦就越深。理想越遠大，痛苦就越深厚。認識自我，超越自我，這條路並非誰都適合，來看看你具備這些條件嗎？

一個小男孩看見一位老人在河邊釣魚，老人上餌、甩杆，技巧嫻熟，短短半小時，便有好幾條魚上鉤，裝滿了魚簍，小男孩看的好生欣羨。

老人看小男孩一臉真誠，笑了一笑，便要把整簍的活魚送給他，沒想到小男孩卻連忙揮手拒絕了，老人很意外，問道：「孩子，看了這麼久，難道不是想要魚嗎？」

小男孩笑著回答：「是的，我不想要魚，我想要你手中的釣竿。」

老人疑惑了，看著手中的釣竿，又看了看小男孩。

小男孩說：「這簍魚沒多久就吃完了，要是把釣竿給我，我就可以自己釣，一輩子也吃不完。」

不可否認，小孩子是很有遠見，甚至對整整一簍魚都沒有興趣，可以看出他顯得很有魄力。然而，就算了得到了釣竿，就能保證永遠都有魚吃嗎？

小孩子為什麼想要釣竿，因為他眼中的釣竿是「提款機」，可以源源不斷的出「錢」，但其實釣竿只是一個簡單的工具而已，能夠釣到魚靠的並不是這一根杆子，而是釣魚的技巧以及垂釣的耐心。就像提款機能夠提到款，靠的並不是會使用提款機，使要能使自己帳戶充足的能力。小孩子如果只要釣竿，而不會技術，那他還是一條魚也吃不到，也就是說光有釣竿是沒用的，因為釣魚重要的不在釣竿，而是在於釣魚的技巧。

理財過程中，就有好多人像這樣，認為自己極其幸運地找到了人生路上的釣竿，就再也無懼於河面上的風雨，但是如果止步於此，最終的結局就難逃一輩子釣不到魚了。

年輕人對生活的要求越來越高，以致於總是不滿於現狀，在職業生涯中尤為突出。創業做老闆無疑很有誘惑力，但要想創業不只要擁有魚竿那麼簡單，最重要的是要有釣技。很多人覺得自己近乎完美的創業計畫無法實施，是因為缺少一根釣竿。看人家投

資翻了本的賺，甚至沒有什麼經驗的人開個網店也發了財。於是便抱怨自己沒有那根釣竿，但是你有沒有想過，即使有一根釣竿放在你面前，你會用嗎，你有能力拿著50萬，釣上來500萬嗎？

因此，創業不僅要有熱情，有機遇，更要有技術、有耐力。

要知道創業的奧秘就如同釣魚一般，報酬大小不在於釣竿大小，而在於技巧多好，釣魚技巧高超，即使普通的竹竿也能釣上大魚。所以，真正的創業「資本」是既有好的釣竿，也有好的釣技。總而言之，區區一根釣竿還不能成事，能不能釣得盆滿缽溢，還要看釣魚的技巧了。

所以，年輕的創業者別再把缺少那樣的釣竿當成自己遲遲不敢下鉤，或者創業無門的藉口了。沮喪之時看看自己除了釣竿以外還需要什麼。當你具備一個垂釣者的素質的時候，相信你離成功就不遠了。

創業之前最先要做的就是選擇行業，而釣竿理論在這裡依然適用，隔行如隔山，無論從事什麼行業，都需要過人的專業知識。在創業之前，瞭解自己是否具有創業的想法，明確自己的創業目標，參加一定的創業技能培訓是創業的必經之路。

也有些人經常說：我有很多創業點子足以開創一個新局面，但是囊中羞澀只能望梅止渴了。但是，你有沒有想過為什麼沒有錢，你沒有，其他人也沒有嗎？想辦法借力使力，從中得利，讓你的構想更加成熟，然後吸引他人來投資。真正有錢人不少，幾乎天天都有人在費盡心思尋找新的投資方向，如果你的構想能夠賺錢，即使不開口，許多有投資眼光的人也會趨之若鶩想要與你合作。

在熟悉自身優勢和短處，摸清目前創業市場行情之後，創業者可以開始選擇創業的切入點。是開實體店，還是虛擬網路店；是開娛樂中心，還是技術開發；是加盟連鎖，還是獨創品牌；是單打獨鬥，還是與人合作。這些直接關係到創業的成敗、興衰。

創業技能、創業選擇等是創業之初必須做的，同時，懂得選擇，做一個擁有「創業魅力」的好老闆，也是一個創業者應有的技能。

每個人都有自己的世界觀和信仰，相信地球上任何一個地方都可以建成一個以自我為中心的磁場。許多創業者們鬥志昂揚的加入了創業大軍，想要領略經濟節節升高的大好風景。因為他們相信，臨淵羨魚，不如退而結網，與其在岸上等待，不如在創業的海洋中奮鬥，立志以自主主宰自己的人生與夢想。但是，在這個過程中，你要做好選擇，因為，路是自己選的，路是自己走的。

人的一生面對無數次選擇，升學、結婚、出國、跳槽甚至創業，每一次選擇不僅會給人帶來機遇，也會帶來更大的財富挑戰。如果此時選擇了創業這條路，就要做好飛蛾撲火獻身的準備。因為創業有風險，跳入要謹慎。

許多殘酷的現實擺在面前，一批又一批「趕潮」的人們，在駕馭的這一葉小舟時飄搖不定，甚至落入水中。誠然，在創業過程中，成功者不乏其人，但失敗者更是數不勝數，但無論是經驗還是教訓都是一筆難能可貴的精神財富。因此，在熱情與理智的博弈中，需要熱情，更需要理智，同時還需要借鏡成敗的經驗！

創業的選擇、創業的技能都是你的釣技，握緊釣竿，完善釣技，才能在創業的浪潮立於不敗之地。

創業初期你應該怎麼做

經濟的發展，使許多人拿著錢削尖腦袋想擠進創業大軍。但是要創業成功，就要走好創業初期的這一步，除了天時、地利、人和等客觀因素外，創業初期還有很多事情需要注意。

白領張嘉夢因所服務的外商企業準備撤出而失業，就想尋找一個合適的行業自己投資做老闆。一位朋友聽到消息後，特地跑來向她介紹自己最近看中的一個行業，並介紹說報酬率高達10%，並拿自己和她的同窗經歷說話：「相信我，只要妳能拿出來50萬元入股，保證妳穩賺不賠。等到資金回籠，我們對分。」與此同時，這位舊時好友又拿出了自己的創業規劃、市場調查資料等「鐵證」，侃侃而談市場前景，最終的結論當然是：相信我，穩賺的。沒有什麼投資經驗的張嘉夢沒能抵住朋友的蠱惑，不僅立刻掏出了50萬元，在沒有摸清這個行業的市場前景，以及這個朋友這幾年的變化和她的投資能力的時候，就把錢匯到了她的帳戶。

結果可想而知，不到半年，錢像打了水漂兒，嘉夢的投資夢也破碎了。很多人都像嘉夢這樣，在創業初期沒有經驗和辨別能力的情況下，對他人尤其是親密朋友的說法都容易過度信任，沒見過世面的初期投資者很容易認為朋友的說法就是市場的真相，也沒有自己進行調查，進而眼睜睜的看著血汗錢付諸東流。

所以，在投資初期做決策時，不要盲目相信任何人的意見與建議，哪怕這個人是投資達人、是父母兄弟、是閨密至交，都要謹慎對待。投資者要牢記，只有親自嚐一嚐才能知道螃蟹的滋味，聽別人說是沒有用的，這是萬古不變的真理。既然你選擇了創業，就要具有前瞻性規劃，不要被別人左右。整個經營方針與策略，以及經營理念都要詳細規劃，在前期打好基礎。總而言之，創業前應先自我評估，調整心態，既不被動也不盲目，充分瞭解自己究竟適不適合創業。而一旦決定並走上創業之路，就不要再後悔猶豫，好好努力，掌握各項創業原則，這樣不管你在何時何地，都是一個內心充實、步伐穩健的創業家。

孫先生精明過人，人稱「精運算元」。他的公司剛剛起步，資金一直是他的大難題，所以他每每牽扯到錢的時候，總是希望自己能得到一些便宜。在與一家企業合作共

同開發產品時，為了讓自己得到更大的利益，他在腦子裡把算盤撥了又撥，仔細找著合約中的漏洞，不走正路，專挑一些字眼來佔便宜：經常推諉責任、延遲付款、壓縮投資時間等，甚至費盡心機尋找各種藉口讓對方替其出錢、墊付。他的小伎倆其實瞞不過合作者。自己挖坑給自己跳，屢屢的失信行為讓多個合作方都對其失去信心，以彼之道，還之彼身，在投資上與他相互耍賴，不經意間拖延了工期。

最後一筆生意，磨合許久後終於迎來了他們共同開發的新產品上市，但是因為時間的耽擱，競爭對手的產品早已在市場佔有了大部分。他們只能挑些殘羹冷炙，報酬率遠遠低於預期，甚至可以忽略不計。像孫總這樣，私心過重，誠信度低導致傷人傷己的事是投資合作中常見的，也常常成為投資失敗的誘因。事實上，像故事中的孫總太過聰明，總把合作夥伴當作傻瓜，想要在合作中佔點小便宜，結果通常都會是「聰明反被聰明誤」。一旦雙方反目或互相耍賴，受損失的是合作雙方。

所以投資者，在尋找合作夥伴時，一定要抱著真誠合作的態度，一加一等於甚至大於二，一減一就是零，一雖比二小，但卻大於零。所以，在沒有誠意跟別人合作時，還是一個人單獨做吧！

而在創業初期，還要考慮好投資規模，要根據實際情況，謹慎選擇投資規模。

辭職準備單飛的娜娜看中了微型音響市場，她堅信這個商品一定能給她帶來不菲的收益，加上原先累積的人脈，她輕而易舉就從銀行「套」到了大筆資金，更加信心爆增。她很看不起同行們小心翼翼、畏首畏尾的樣子，心想自己絕不能跟他們一樣，要做就大做一場。這種過於激進的心態讓她忘記了機會與風險是等同的，她沒有正確評估自己對風險的抵禦能力，甚至都沒有考慮到賠本了怎麼辦。

她唯一的目標就是擴大投資規模，將「攤子」鋪得越來越大，一口氣購買了兩條生產線，但是企業的負債卻隨著她的「熱情」滾雪球般地越滾越大。對此，娜娜卻毫不在乎，甚至繼續大筆借貸。在她看來，等企業一運轉起來，產品上市盈利後，所有的債務都不是問題。但就是因為她對音響市場的認知不足，等她的產品風風光光的上市之後，才發現已錯過了最佳時期，別人已捷足先登，同行開始拼命壓價。娜娜的產品生產出來卻賣不出去，資金中斷，頓時陷入了危急中。

很多投資者剛開始時就喜歡把攤子鋪得很大，但是卻忘了禍福相依這句話，種種危機就蟄伏在「高投資高報酬」的誤導下，稍有不慎，滿盤皆輸。同時，在大環境經濟快速增長的時候，初次投資的人們往往信心爆增，對未來估計過於樂觀，藐視風險，進而

形成投資泡沫。然而一旦有風吹草動，泡沫就會見光死，投資者就會陷入自己編好的牢籠裡。

所有投資者初期應從風險與收益平衡的角度來規劃自己的投資，不僅要選擇合適的投資項目，還要把投資規模控制在自己能夠承擔的範圍內。例如在投入資金時，可以分批次、一部分一部分的往裡投，盡量避免一次投入，應留有一定的週轉資金，萬一出現變故，風險發生，也不至於資金中斷，以致全盤皆輸。

以上的真實的小故事，為我們敲響了警鐘，在創業中不同的創業者都會遇到程度不同、性質不同的各種難題，那麼在創業的初期，創業者在競爭中抓住機遇的訣竅應該是什麼呢？

生存是最重要的，企業應先求生存再求發展。先穩紮穩打紮好根基，切忌根基虛浮還好高騖遠、只想賺錢卻看不到風險。創業者必須重視經營體制，步步謀劃，根基牢固時再求創造利潤，資金穩定時再擴大經營。

在創業的過程中你要清楚你是誰？你到底要做什麼？你生活的重心是什麼？你想成

為怎樣的人？要做對你有益的事，要有能力選擇不做什麼，投資生命並不是終生，不要在對你無絲毫幫助的事情上花精力，每一天你都挑最重要的事做。而且不要想一個人獨吞，要努力尋找共贏，不怕與人共名聲、共財勢，因為1加1往往大於2，趁年輕嘗試一下無限的可能性，在共贏的基礎上，多分別人1％，你就可以財源滾滾。

同時在創業中不要有依賴性，指望誰能推著你走，滴自己的汗，吃自己的飯，積極的心態能讓你擁有「選擇的自由」，種什麼種子結什麼果，自己的收穫自己品嚐。

堅持你的創業目標將改變你的命運

很多過來人對「命運」一詞感觸頗深，「命運」一詞之所以總讓人難以忽視，說明「命運」是存在的，其實，「命」和「運」並不是一個概念。「命」是與生俱來的，是客觀的，不容自己改變的；雖然人們沒有權利選擇自己的出身，沒有權利選擇自己幼年的貧窮與富有，但人們可以改變自己的「運」。「運」是可以改變的，可以由自己掌握的。「命」是縱深的延伸，具有不可選擇性；「運」是橫向的，具有可選擇性。聰明的人，認命不服命，勇於在「命」中再次選擇人生。承認命運，並不是消極的人生態度，而是豁達通透的人生觀。

選擇創業的人，實際上是在改變命運，常言道：你不能延長生命的長度，但可以改變生命的寬度。而這個寬度完全掌控在自己的手裡，就看人們是坐等還是積極尋找，正如美國前總統老布希說的那樣：「命運不是運氣而是抉擇；命運不是思想而是去做；命運不是名詞而是動詞；命運不是放棄而是掌握。」

創業可以說是職業生涯中的一場重要部分，可以說人的一生始終是在創業過程中度

過的。但要強調的是：創業並不僅僅是指創建一個公司、開了一個店鋪，而在原來的工作中有了創新、有著震撼性的突破也是創業。人們時常把創業跟命運結合在一起，不少人把命運看的十分重要，比如某人成功了，有人就會說：「你瞧人家的財命多好！」「我能像他（她）那樣好命就好嘍！」無形之中，我們把他（她）們當成了標杆，以此來衡量我們自己的人生。若自己失敗了，就哀嘆命不如人。其實，「命」也可以理解成是規律。既然是規律，就完全可以認識，可以掌握進而進一步有所做為；而「運」也是可以改變的。所以所謂「命運」，還是掌握在自己手裡的。

人生雖然漫長，但關鍵處只有幾步，而選擇創業則是異常關鍵的一步。人生都有許許多多的機遇迎面而來，可是機遇一旦真正來臨時，卻很少有人抓住它，殊不知把握機遇也是在把握命運。但是，無論怎樣，如果你要創業、要選擇創業項目，走上了創業的這條路，首先要做的都是確立目標。

從前有三位商人找到一位富翁借錢準備創業。富翁問這個三個來訪者有什麼樣的營生，為什麼要借這筆錢，這時，第一個人說，「我正在經營一家小吃店，我希望跟您借500塊，把小吃店擴展一下規模。」第二個人說：「我沒有固定的店面，我是應季出售當

季所需物品，我夏天的時候賣涼席，冬天的時候賣棉衣，但是我也想擴大規模，想跟您借1000塊。」這時，富翁看向第三名來訪者，這個人說：「我要去救一個人，我愛上一名妓女，我想借5000塊為她贖身。」

富翁聽完三個人的說詞，都同意他們的請求，而這時，旁邊的僕人十分不理解，他說：「老爺，前面兩位都是正經的商人，為什麼你還給最後一個人錢呢？他只是為了救一名妓女啊！」富翁只是笑而不答。

很多年過去了，三個人都小有成就，第一個人以10倍的本息酬謝富翁，第二個人以50倍酬謝富翁，第三個人則以百倍酬謝富翁，僕人大感吃驚，富翁則笑著說：「第一個人十分勤勞，但只懂得守業，錢賺得並不會太多；第二個人知道靈活變通，依勢而走，他獲得的利益還是不錯的；但是第三個人看重的是人生中的目標，他翻山涉水到我這裡來只是為了一個心愛的女人，他對自己的目標十分執著，正是因為他這番堅韌的意志也會成就一番事業。」

創業的感覺跟初戀很相像，目標確立的重要性也可以和挑伴侶相比。任何目標的本身，都要經歷懷胎、孕育、出生、發育的過程，這是一個自然的過程。而創業者對一個具體專案，要經過一個認識、理解、通透、把握的過程，這是一個歷史過程。這樣可以看出創業的過程是人和目標長期磨合，相互融合的過程。這也決定了選擇目標在立足長遠的同時，更要有執著的信念堅定不移地走下去。

日本軟體銀行公司的孫正義曾經當過一週的世界首富，他的經歷恰巧可以說明這個道理。孫正義從美國大學畢業後回到日本開始創業。創業之前，他選出了50個創業目標，他沒有盲目投資，而是用一年時間逐個進行考察，並且撰寫了厚厚的分析報告，最終根據自己的分析選擇了軟體行業。他對目標選擇的慎重正能看出來目標的選擇事關人生，是不可以隨隨便便的，必須要經過一個充分的論證過程。在這個過程中，要像孫正義這樣捨得花時間、花力氣，要能夠靜下心，認真調查研究，為自己的決策鋪路。

創業的勝利不僅在於大的規劃，更在於細節。

與他人相比，無論哪個小事情上高人一籌，都會收到意想不到的效果。穩居「世界500強」前十的零售企業沃爾瑪，很難想像它能夠把管理費用控制在銷售額的2%。據說，他們總部的辦公室像卡車終點站的司機休息室，由此可見他們為降低成本而努力的背後是一種什麼樣的精神。這也許是沃爾瑪能夠成功的縮影。

創業者們在創業過程中要認真地審視自己的強項、優勢、興趣何在，可能同時有幾個，與他人比較哪個優勢是最有利的。這時，機會成本的概念也是有用的。同樣多的時間，同樣的付出，哪個能力所對應的事業會有更大的前景收益，比較中優勢會凸顯出來，目標選擇固然重要，一定要記得：再好的目標也要靠創造性的艱苦努力，結果由過程決定，過程由細節決定。

牛根生有句話：「不怕路途遠，就怕沒方向！」再遠的路，總有終點；而沒有方向，卻是沒有起點！你所擁有的目標，一旦建成，它的價值是無法估量的。

一個乞丐告訴你如何白手起家

銘瑄拎著剛買的NIKE從商場出來，站在門口等一個朋友。這時一個乞丐逕自的走向了銘瑄的面前。

「小姐……行行好，給點錢吧！」銘瑄一時無聊便在口袋裡找出一個硬幣扔給他並和他攀談起來。

乞丐的口才很好，還很健談：「我一直在這附近乞討，剛才我掃一眼就見到妳。在這家商場買NIKE，出手一定很大方。」

「哦？你懂的滿多嘛！」銘瑄很驚訝，開始正視他了。

「做乞丐，也要做專業的。」他的口吻似乎自己是個講師，而不是衣衫襤褸的乞丐。

銘瑄一愣，覺得很有意思：「那您說說，這專業的乞丐該怎麼做呢？」

乞丐沒有回答，而是問道：「小姐您先看看我和其他乞丐有什麼不同的地方？」銘瑄仔細打量他，頭髮蓬亂、衣服勉強遮體、瘦的看似營養不良，但唯一的特點就是乾

淨，至少不髒。

乞丐打斷了銘瑄的思考：「正常人都對乞丐避之唯恐不及，但看得出來您沒有厭煩我，這就是我與其他乞丐的不同之處。」銘瑄聞言，點點頭。

「做乞丐也要敬業，要知道在這行自己的長處、短處，可能遇到的機會和威脅。跟我的同伴比，我的優勢就是不令人討厭，人們看到我通常不會小跑步離開。我的機會就是這個地段人多，而面對的威脅也是要進行市容整頓。我數過兩天，這裡每天人流一萬左右，雖然窮人多，但有錢人更多！我如果是每天能向每個人討到1塊錢，那我每月就能收入30萬！但是，並不是每個人都會施捨我，況且，我的時間也不夠，討不到那麼多人。所以，我得分析，哪些是目標客戶，哪些是潛在客戶，在這個地段，我的目標客戶是人流量的三成左右，成功機率80%。潛在客戶佔兩成，成功機率50%；剩下五成，我選擇放棄，因為我沒有更多的時間在他們身上碰運氣。」

「那你是怎樣尋找你的客戶呢？」聽得目瞪口呆的銘瑄追問。

「首先，目標客戶。就像妳這樣的年輕小姐，來這種商場購物，說明不窮，買了NIKE，卻沒有懊悔半天，說明出手大方已成習慣。另外還有很多情侶也屬於我的潛在客戶，他們為了在對方面前不丟面子也會大方施捨。還有，我把單獨出行的漂亮女孩看作

潛在客戶，因為她們害怕糾纏，所以多數會花錢消災。這兩類群體，年齡都是二十歲到三十歲之間。年齡太小，沒什麼錢；年齡太大，可能已結婚，花錢很謹慎，甚至一些沒有財政大權的人，恨不得反過來找我要錢。」

「那你每天能討多少錢呢？」銘瑄已經對他刮目相看了。繼續問道。

「週一到週五，人流較少，賺的少些，兩百塊左右吧！雙休日，好的時候，每天可以討到三、四百塊。」

「這麼多？」銘瑄覺得不可思議。

「和你們一樣，我也是每天工作8小時，上午10點到晚上6點，唯一不同的是我週末正常上班。我每乞討1次的時間大概為10秒鐘，扣除來回走動和搜索客戶的時間，大概1分鐘乞討1次得1塊錢，8個小時就是480塊，再乘以成功機率60%，得到將近300塊。但是做這行有個忌諱，就是千萬不能黏著客戶滿街跑。如果一次不成，我絕不死纏濫打。因為他若肯給錢的話早就給了，所以就算厚著臉皮滿街跟著跑，也沒有結果的。不能將有限的時間浪費在無施捨慾望的客戶身上，不如轉而尋找下一個目標。」

銘瑄已經不能用震驚來形容她的心情了，怯怯的問：「我聽說做乞丐是靠運氣吃飯，是嗎？」

乞丐笑說：「我不這麼認為。給妳舉個例子，商場門口，一個風度翩翩的男生，一個乾淨漂亮的女孩，妳選哪一個乞討？」

銘瑄想了想，搖了搖頭。

「要是我，就去男孩那兒。身邊就是美女，他好面子不好意思不給。但若去了女的那邊，她大可假裝怕你遠遠地躲開，當然也可能是真害怕。」

「再給妳舉個例子。前天就在這個商場門口，一個年輕女孩，剛買完東西，手裡拿著一個購物袋；還有一對小情侶，站在門口吃著冰淇淋；第三個是衣冠楚楚的年輕男子，拿著筆電提包。我看一個人只要3秒鐘，我毫不猶豫地走到女孩面前乞討。女孩在袋子裡掏出兩個硬幣扔給我，並奇怪我為什麼只找她乞討。我很坦白地告訴她，那對情侶，在吃東西，不方便掏錢；那個男的是高級白領，身上可能沒有零錢；妳剛從超市買東西出來，身上肯定有零錢。」有道理！銘瑄越聽越覺得很合理。

「所以我說，知識決定一切！」銘瑄在其他地方聽了很多次這句話，但他第一次聽乞丐也這麼說。

「要用科學的方法來乞討。天天躺在天橋上，怎麼能討到錢？走天橋的都是行色匆匆的路人，誰沒事走天橋玩，更不會閒著無聊往旁邊看。做乞丐也要專業，要用知識來武裝自己。二十一世紀最需要的是什麼？就是人才。」他不禁自嘲道。

似乎跟銘瑄很投緣，他接著道：「我常說我是一個快樂的乞丐。其他同伴說是因為我討到的錢多，所以每天都開心。其實正好相反。正是因我心態好，每天樂呵呵，有人給固然開心，他不給還有下一位，這種心態很舒服，所以討的錢多。」

他繼續說：「乞討就是我的工作，跟其他工作一樣，要懂得體味工作帶來的樂趣。下雨天人潮稀少的時候，其他乞丐可能都在睡覺或者打牌。我卻在外面走走，用心感受一下這座城市的美。每天晚上下班後帶著老婆、孩子逛街玩耍看夜景，一家三口其樂融融，也不枉此生了。若是碰到同行，有時也會扔個硬幣，看著他們高興的道謝走開，就彷彿看見的是自己。」

「你成家了？」銘瑄不禁大聲詢問。

「哈哈哈，當然，我老婆在家做全職太太，孩子剛上學。我在城北的山水嘉園貸款買了一間大房子，還差四年就還清了。所以我要努力賺錢，供我兒子讀大學學市場，然後子承父業當一個比我更出色的乞丐。」

「你懂這麼多，一直在做乞丐？」

「不是。我原來在一家中型外商公司做市場策劃，三年前升做了市場經理，月薪不低。那時貸款買了一台汽車，每個月還款後，勒緊褲腰帶還喘不過氣來。後來我想這樣永遠也出不了頭，就辭職不幹了，下海來做乞丐，我願意做一個高素質的乞丐。其實，我選擇乞丐這行，跟投資項目一樣。要想成功的投資一個好的項目或者產品。一般要考慮三點：一是目標要順應社會發展的潮流；二是項目要有不同於眾人處，不要跟風，要新穎獨特；三是成本盡量要低，無論是做為啟動資金，還是推廣的成本，都不要太高。這樣才能做好準備為未來鋪路，也可以盡快地佔領一席之地。乞討就是我投資的項目。」

聽完，銘瑄不禁唏噓不止。這年頭，乞丐都是專業的！

創業之初，老闆得有點財務知識

一個團隊，尤其是團隊的核心——老闆如果缺乏財務技能，那對這個團隊來說則是致命的缺陷。所以，想要創業做老闆，首先得具備基礎的財務知識，要不即使業務能力再強，投資人也不會青睞這個粗笨不精明的老闆。

辨別「真假老闆」，只需要問幾個簡單的財務問題，根據他的回答就能分辨出來：

你的公司未來的銷售預測是多少？

笨拙的老闆回答：「只要帳戶上有錢，我們就馬上投入到市場，產品很快就會起來的，市場的空間是很大的。」

精明的老闆回答：「我們按月做了最樂觀的、最現實的和最保守的三種預測，我們的基本收入假設是這樣的……」

「笨拙」的回答應該叫「不知所云」。

「精明」的回答方法一聽就知道這個老闆是有備而來的，話一出口就知道他懂得做收入預測的基本方法和邏輯。

在現實生活當中，也許「笨拙」的老闆是個踏踏實實的創業者，要是投資他一些錢，他一聲不吭過兩年就金磚、銀磚把錢拉回來了；而那個「精明」的老闆也許只是表格文檔做得神乎其神，實際業績的數字可能非常差勁。但是冤就冤在，「笨拙」的老闆在投資人眼裡就是笨拙，「精明」的老闆在投資人眼裡就是精明；「笨拙」的老闆就是找不到錢來進行投資，「精明」的老闆就是能搞到錢。

但是要承認，「笨拙」老闆只能做做小買賣，他的這種踏實的方法是無法用來管理大公司和專業團隊的，只能帶領一群不知所云的工人，去做最辛苦的事。因為「收入預測」是一個老闆最重要的工作之一，而不全是你們這個公司會計所做的事情。如果老闆自己都不知道收入預測中的數字是什麼樣的，數字與數字之間的關係是什麼，達到收入預測目標的關鍵點又是什麼，這樣的老闆肯定不會有「執行力」的。

這道題目其實不僅僅是在問「收入預測」的數字，更重要是看老闆懂不懂如何用合理的邏輯方法來判斷、預計未來。

你們公司的融資計畫是什麼？

笨拙的老闆回答：「我們想融資500到600萬，不過公司的融資工作我們和財務顧問簽了協議，這些都由他們全權負責，我們可以隨時詢問。」

精明的老闆回答：「雖然現在來找我們的財務顧問非常多，幾乎每天都有人來敲門，不過我們不想融太多錢，我們只需要融足未來六個月必須的資金，一分錢都不能多，我們這次融資的額度是8433.2萬……這是我們融資的商業計畫書，其中很多資料不是我們想出來的，而是請了第三方權威諮詢機構出具的中立資料……」

「笨拙」老闆別因為他的強勢力嚇到，創業公司融資這麼重要的事情竟然讓別人去做，這實在是表現出他的無能，因為他根本不知道去哪裡找錢、如何找錢，他這麼強勢只會被人恥笑。

「精明」的老闆，不言自明，一聽就是滿嘴的謊言。不過很多投資者就是喜歡這樣的人，把錢砸給他們，原因很簡單，「精明」老闆知道投資者心裡的想法，因為省事之心，人皆有之，投資者也不例外。要知道創業者你為找不到錢而痛苦，風險投資者們為投不出錢去也在發愁啊！他們的錢如果投不出去恐怕年底連獎金都拿不到了，所以如果有幾個8433.2萬的目標會順順利利地砸下去。

這「精明」的老闆明明是在說謊，但是不管怎樣，人家的商業計畫書做得工工整整，資料完整，分析周全，做內部的投資報告時，投資經理也不必累死累活去找素材，

全有現成文章可以「複製」和「黏貼」，多省事啊！

故事可以看出，一個得力的財務總監就是好建議的泉源。

創業者信心滿滿去創業，把一家小公司，打造成明天的一家大公司，老闆要指揮團隊過五關斬六將，能把企業帶上市、做成行業領袖，得力的財務總監能隨時提供你做決定所需要資料，給你一些非常好的建議。財務總監是來幫你管帳的，節稅、入帳出帳、帳簿做平，帳戶管理、現金管理……錢的事情萬萬不可亂，如果你有個富有創意的財務總監，那你一定要找個嚴格保守的好會計。

你的公司每個月的營運成本是多少呢？

笨拙的老闆說：「我們公司每個月情況不大一樣，視情況而定，這個月因為買了一批設備所以花的多點，而下個月可能會更高，總共要付出200萬吧！我們收購了一家小廠，要支付對方很多現金。」

精明的老闆回答：「我們的日常營運成本控制得比較好，每月都在十幾萬左右，不過我要說明一下的是，我們的業務擴展很快，現金流量需求遠遠大於每月的營運成本，上個月我們有一批固定資產投入，花了200萬，下個月我們將收購一個競爭對手，對方的股東堅持要部分套現，所以我們必須支付1000多萬現金做為我們的收購成本。」

笨拙的老闆腦袋倒還是清醒的，每個月總共要花費多少錢記得一清二楚，但是從他的回答裡能看出來，此人根本不懂「營運成本」到底是什麼意思。一個企業的「成本」有很多，每一種成本的含意、比例、進出時間等等，都會對企業及其綜合業績產生不同的影響，這就要看老闆們能不能指揮的過來。

其實，這道題目不僅僅是在問「營運成本」的問題，更重要看老闆對企業的經營做「財務分析」的能力，「財務分析」也是老闆必不可少的技能。財務分析是以財務報告資料及其他相關資料為依據，採用一系列專門的分析技術和方法，對企業等經濟舉辦過去和現在有關籌資活動、投資活動、經營活動、分配活動的盈利能力、營運能力、償債能力和增長能力狀況等進行分析與評價的經濟管理活動。

它為企業的投資者、債權人、經營者及其他關係企業的組織或個人瞭解企業過去、評價企業現狀、預測企業未來，做出正確決策提供準確的資訊或依據……如果老闆自己不懂如何去分析，他如何去指揮財務總監呢？他用什麼來判斷和決定公司裡每一個人、每一個部門、每一筆支出、每一項投資的根據和理由？

要知道老闆缺乏基本的財務知識，別說今天去和別人談判，就是將來上市的機會也不會輪到你的頭上。要知道機會是留給有準備的人的。

網路開店，非看不可

點擊滑鼠，掃描照片、尋找客戶……隨著網路商店的興起，越來越多的在校大學生也在網路世界當起了虛擬店老闆，一邊讀書一邊賺取人生的「第一桶金」。還有不少學校將在網路經營店鋪當作一門必修課，積極鼓勵學生參與社會自主創業。

「我們是時尚人，我們要做時尚領袖！」這是一家百貨大樓服裝批發店的廣告語，二十四歲在讀碩士的王亞軒是這家服裝店的店主。這家店內除了琳瑯滿目的衣物和裝飾品，四台電腦排列在服裝店的角落裡，網絡簡訊提示不停發出，顯示網上業務正在不斷進行。

利用網路就業是從國外傳進來的。例如世界著名的美國eBay電子商務公司，其無實體店經營模式省去了很多投資者的初始成本，更不需要太多的從商經驗，加上其較低的開業門檻，已經有近十萬人在那裡找到了新的就業機會。其中大部分是透過網路店鋪的方式進行創業，還有些人成為「網路小老闆」的雇員。那麼，如果你想要開店，應該怎麼準備呢？

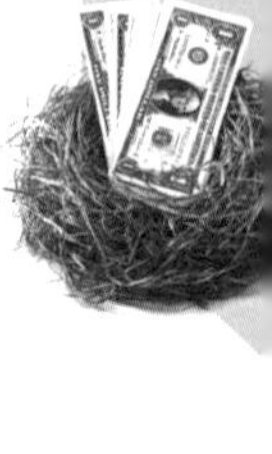

開店前的準備工作，是重要環節，不能草率。首先是資金方面要有所準備。網路開店投入少，但起碼應該備足貨款。另外需要到銀行開立新戶頭，以備日後生意上收款方便。

而心理上也要做充足的準備，做生意總有過渡期和盈虧，雖然網路開店相對簡單，但好的心理素質還是必備的。網路創業也需要一些基本的設備，用來建立網路店鋪和平常的維護工作：可以上網的電腦；數位相機，貨物上「貨架」之前，一般都需要對這些精美的寶貝進行拍照並上傳照片到店鋪上，照片能使買家能更加直觀地感受和瞭解商品；通訊工具，必須一天超過12個小時開通，可以隨時和買家保持聯絡。

網路開店的流程

首先，你要想好自己要開一家什麼樣的店。

第二，需要選擇一個提供個人店鋪平臺的網站並且註冊為用戶。

第三，向平臺網站申請開設店鋪。

最後，進貨、鋪貨。

提到進貨，這是很多人都十分關注的問題。貨源可以從產品定位上考慮，開什麼店？賣什麼最賺錢？這恐怕是所有人關心的，商品的分類有很多，最好根據自己的興趣

與愛好或者進貨管道有針對性地選擇，當然如果你準備做一個「雜家」，就是什麼好賣，賣什麼，也一定要有所突出，這也就是所謂的特色。比如你的商品價格要有優勢，或者本身是新奇獨特的商品，找到這些商品的進貨管道，你的店鋪就會有意想不到的收穫。

其實為了商品在價格和特色上有優勢，可以從以下幾個方面著手：

1、小批發市場進貨

這是最常見的進貨管道，如果你的小店是經營服裝，那麼你可以去周圍一些大型的服務批發市場進貨，在批發市場進貨需要有強大的議價能力，力爭將批發價壓到最低，同時要與批發商建立好關係。

2、生產工廠進貨

工廠進貨也是一個常見的管道，去工廠進貨，可以拿到更低的進貨價。經營網店，最好認識在工廠工作的朋友，或者自己直接就是在工廠工作的，這樣進貨就沒有任何問題了。

3、外銷產品

目前許多工廠在外銷訂單或貼牌生產之外有剩餘產品處理，價格通常十分低廉，為

正常價格的二～四折，這是一個不錯的進貨管道。

4、買入庫存積壓或清倉處理產品

這類商品的價格通常是極低的，因為這樣的貨都急於處理，如果你有足夠的殺價能力，可以用一個極低的價格吃下，然而轉到網路銷售，利用網路銷售的地域或時空差價獲得足夠的利潤。所以，你要經常去市場上轉轉，密切關注市場變化。

5、特殊的進貨管道

比如，如果你在香港或國外有親戚或朋友，可以請他們幫忙，進到一些國內市場上看不到的商品，或者一些價格較低的商品。

店鋪裝修

提到店鋪裝修，這個固然很重要。花個30萬元左右現在可以買個全裝修。那如果你店鋪夠漂亮了是不是生意就會好呢？再不懂商業的人應該也懂吧！要商品好賣關鍵是商品，特別是網路商店更要突出這一點，如果你把太多的精力用在這方面那你除了累還是累……

配送

發貨給顧客，配送是個重要環節，常見的配送方式有郵寄、EMS、快遞等物流配送。說到快遞，大家的感覺就是，看運氣。因為郵件一旦交到快遞員的手上，即使你手再長，也管不到這個郵件的去向、安全和到達的日期。那麼，如何讓自己的郵件盡量安全地到達買家的手上，如何和快遞員講價就要看個人的處理技巧了。在交之以誠的情況下，還是要和快遞公司鬥智鬥勇，拿出一定手法和技巧，讓快遞員成為你隨傳隨到，而且能準確告知你快遞去向的朋友。

網路開店需要個人能力，要開一個賺錢的網店，需要經營者有良好的個人能力。

首先是，市場判斷能力，要看準市場，準確找到市場缺口，做到人無我有，人有我優。其次是，制訂合理價格的能力，既要進到價格更低的商品，又要將商品訂出一個有利潤又吸引人的價格。第三，還要有推廣能力，吸引更多的買家光顧自己的店鋪。最後一點則是，熱情的服務，這點很重要，在價格不相上下，產品品質雷同的情況下，顧客怎麼選，當然是跟哪家做生意舒服，喜歡去哪家啦！所以網路開店，要透過人情的態度和良好的售後服務來建立客戶群。

網路開店，你代銷了嗎？

在網路開店，許多人因為剛開始資金不足就選擇了代銷，如果你以為這是一個十分好的方法那就大錯特錯了。

代銷可以大大縮減成本，所以對沒有資金的人來說也未嘗不是個好辦法，而且沒有庫存風險，但如果你是出於這樣的想法選擇了代銷，那就要當心了，結果可能不盡如人意。

如果你選擇了代銷就要注意以下幾個方面。

首先，要謹慎選擇代理商。

選擇代理商要首先確定其誠信度，這是最重要的，如果沒有確定而盲目相信的話，最後吃虧的可能是自己。例如在做代銷過程中，你選擇了一家代理商，在缺貨時多次詢問他有沒有貨的時候他都說有貨，可是最後當買家拍下貨物時，他又說沒有了，最後背黑鍋的正是自己。

商品品質是交易的根本，所以確定代理商的產品品質是否完好是代銷的一個重要地方。因為代理商在給買家發貨的時候，網路這端的店家是看不到的，所以這裡很難避免代理商以次充好，以假充真的情況。很多由代理商給顧客發的貨，釦子、零件脫落，買家當然會不滿意，給了負評。而這時吃虧的則是中間方店家，代理商的責任很難追究。

還有要即時確定代理商的發貨速度和退貨速度。有的代理商在通知他發貨時，今天推明天，明天推後天，一天天往後推，更生氣的是最後告訴你沒貨了，爛攤子又留給店家。

還有與存款的問題要注意，因為代銷有一些是需要付預付款，這時候一定要小心謹慎，因為有些不法商家會吞併你的預付款。

最後就是要索取實物圖，實物圖很重要，現在買家越來越重視實物圖了。如果能裝修上實物圖，盡量裝修，儘管很費工夫，但是絕對皇天不負苦心人。

什麼是虛假代理呢？

「虛假代理」的定義：Ａ會員有貨源，在他的下面設置Ｂ、Ｃ代理，讓Ｂ、Ｃ將Ａ的產品上架，如果有買家Ｄ向Ｂ、Ｃ購買商品，由Ａ直接發貨給Ｄ，這種交易模式為虛假代理。

如何擺脫虛假代理的嫌疑，做一個真正的代理呢？需要做好如下幾個步驟：

首先，修改商品名稱。淘寶網查處「重複鋪貨」和「虛假代理」的重要途徑就是搜索相同的商品名稱。盡量避免使用供應商提供的名稱和編號。最好自己設計標題，加一些創意性的修飾語，取另類別致的店鋪名和自己的網名。而供應商的編號與自己的編號要整理出來保存，方便隨時查詢。這樣做也可以避免惡性競爭，互惠互利，提高銷量。因為買家找同規格的產品，會按編號搜索，而這個編號是唯一的。

其次，上架的產品種類不宜太多、太雜。應該要分時段上架。最好選擇一些自己感興趣的，之前銷量比較好的產品先上架。然後把其他商品分時段上架。同時先上架的主打產品最好與店鋪裝修相一致，也可以牢固客戶網，無論老客戶還是新客戶會都會覺得你在這方面比較專業。

第三，修改店鋪地址或產品所在地，盡量讓店鋪地

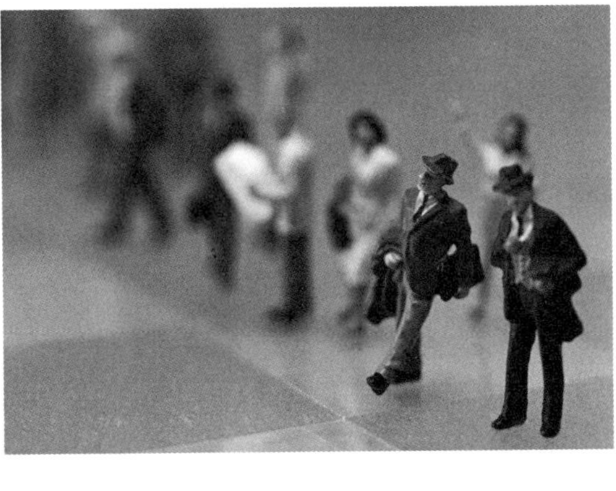

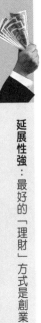

址與產品位址一樣。分銷商可以將店鋪地址改為與供應商同個城市的或者將產品位址改為分銷商當地的，其實後者對於市場開展更有好處，至少可以更容易讓當地客戶找到您的產品，但在銷售產品時一定要與客戶說明清楚真正的發貨地及運費，在利潤允許的情況下，可以給本地客戶便宜一些運費。這種辦法是公認的最有效避免和擺脫「虛假代理」嫌疑的方法。

最後，製作自己的產品圖浮水印和產品展示模版，不要用供應商的圖片地址。有條件的代理商可以考慮自己進行商品攝影。

總之，就是做到客戶搜索到一大堆相關產品的時候，你的產品是唯一性的、獨特的，具有你自己風格的商品。

還有一些小技巧，例如巧妙處理頭像與簽名。總之，盡量在細節處著手想辦法讓你很容易被你的顧客記住。

網路商店的經營技巧

登錄萌萌的網店，看到網路商店主要出售的都是一些嬰幼兒服裝、紙尿褲等日常生活用品，但由於開店時間短，信譽度不夠高，店主萌萌笑著說還沒盈利，「現在更多的還是要依靠同學、朋友來推廣。」

哪些同學的親戚有小孩，自己的長輩哪些有小孩，她都知道得一清二楚，為了把網路商店的信譽度提高，她天天都會向同學「洗腦」，讓他們務必要向親戚們推薦自己的網路商店。但是萌萌的小店經常會遇到產品賣不出去的苦惱，也會有些許的心酸等著她，那麼怎樣做好一個網路商店，可不是每天要同學去宣揚那麼簡單的。她細心請教了很多網路商店行家，總結出了下面幾點經驗，大家來分享一下吧！

選擇一個好的店名

店名一定要充分使用30個字，盡量把你自己店裡的特色、優勢、優點、優惠都寫進去，讓買家一目了然你的店的主營方向和有吸引點。

吸引目光的商品描述

如果你賣的商品並非廣為人知，則需要好好在商品描述上下些工夫。一般商品描述至少在50字以上。商品描述包括圖片、文字、格式編排。網路商店更多的是以第一人稱口吻，更口語化的描述。

網路買賣，基本上是看不到實物的，買家選擇貨品，除了要看上傳的清晰的圖片，更多的則是看商品描述，可以說這是貨品的「顏面」，所以做好商品描述能對買家產生很大的吸引力。如果網路商店裡的商品照片不夠清晰有衝擊力，描述也很簡短無趣，買家是不會駐足的。

靈活使用推薦欄位

如果有機會得到一兩個推薦欄位時，就要靈活運用，一定要挑一個在你這個分類裡最有特色，價格最有優勢的產品，放到推薦欄位上去。這可以有拋磚引玉的作用，目的不光是為了提高銷售量，而是希望這個商品成為一個引子，吸引客人到你店裡去參觀，這樣成交的機會又多了許多。

參加一些有償服務，增加收益機會

參加這些服務對客戶轉化率的提高非常重要。網路平臺盈利主要就是提供這些增值服務費，互惠互利，一定程度上購買這些有償服務後對成交率還是有點效果的。

商品推薦要選擇即將下架的商品，增加被買機會

最好要把商品分時段上架，不要集中在一個時間上架，不然買家在某個時段看見的都是你的商品，而在某些時段，連一件你的商品都看不見。所以時間要間隔開來，最好每隔10分鐘或者再長些時間上架一批商品。這樣能引起最大的廣告效果。

時間就是金錢

商品的發布時間也是十分重要的。同時網路客服的線上時間，反應速度也很重要。

一般買家都不願意打開店主不在線上的店鋪，沒有人會等在那裡狂問「老闆在嗎？」

要努力提高網路商店的信譽度

雖然前段時間有揭發網路商店信譽度虛假的一些問題，但是總括來看網路商店現有顯示的信譽度依然是許多買家衡量這個店鋪的重要指標。因此要想辦法提高網路商店的信譽度。如何提高網路商店信譽？主要有兩條路：一個是讓更多的客戶進本店買東西。另一個則是讓所有購買本店商品的顧客均購買6件以上商品。思路確定了，剩下的就是想辦法實現啦！

參與網上標價

直購價有直購價的好處，但是一般來說網路標價比直購價更能吸引瀏覽者。但是競價有時可能會出現被低價買下的可能，很多店主在這個時候都會請自己的朋友參加標價，一方面可將價格標到自己滿意的額度，然而萬一買家出價都十分低，就由朋友標價下來，這樣只損失一點交易費。這種作法是一直被批評的不誠信行為，建議不要採用。

平常心對待負評

有時因為自己或其他原因，可能會在自己的信用記錄裡出現負評的現象，這個時候要安之若素，可以的話採取相對的補救措施，例如給買家打電話解釋情況，或者在網路說明真實的情況。同時爭取用更多的優評來博得買家的正面印象。

促銷小手法

要利用人都愛佔小便宜的心理特性，額外贈送小禮品給顧客。甚至為了增加自己良好的評價，可以事前不讓買家知道，給他個小驚喜，這樣當他收到你寄出的貨品和禮物的時候一定會很開心。其實禮物不在於是否貴重，而是一份心意。不論您的買家以後還會不會繼續購物，把他當作朋友，真心的面對，悉心經營，一定會有好的報酬。

像促銷等行銷策略的成功運用，活絡了很多商家。所以說網路商店想要成功不僅僅要每天按時等待，更要合理運用一些市場行銷的手法。

網路商店的營運需要時間和經驗的累積，僅憑一時的衝勁難以成氣候，因此有志於進入網路商店銷售的商家也需要做好打持久戰的準備。

一名成功的兼職者需要記得的事

小惠錢不多，她想了很長時間，覺得擺地攤是一條勤勞致富的小捷徑。目前這房價高的嚇人，她這個一窮二白的外來人口要想有個立足之地，光指望那點薪水可不行，總得找個副業做做。但她既沒有技術知識也沒有那麼大筆創業資金，想炒股可是又沒膽子，想來想去，擺地攤雖然本小利薄，但還是比較適合她的。

小惠有一點好處就是佔盡地利。公司樓下就是地鐵出口，後面是連著的住家區，街道兩旁有各式各樣的小店，人潮不斷，每晚夜市熱鬧非凡。

小惠每天從公司下班，簡單吃兩口飯就直接在公司樓下「上班」，一點路費都不用多花，而且在馬路旁擺攤，租金可省下不少。

再者，小惠還有人和。什麼時候逛街的人多，哪個區域消費力最高……她都一清二楚。萬一哪天為了搶攤位起了衝突，她小手臂、小腿的可不能硬上，不過沒關係，公司的警衛叔叔可熟得很，可以拉來幫忙。

其實小惠在交通必經之處擺攤賣貨，還真有市場，尤其是對那些時間緊湊整天忙碌

的白領著想。現代都市人工作繁忙，忙起來連逛街都得先排日程表，就是家裡缺了個勺子、頭上少了個髮夾，都沒時間去買，再說為了這些小物件跑商場、跑超市得浪費多少時間和交通成本？如果下班路上就能順手在路邊攤上解決，方便得很。所以小惠的地攤很有市場。

路邊攤雖小，但也是份工作。所以對小惠而言，路邊攤事業雖小，解決就業事大，雖然路邊攤一族沒能在稅收上為國家添磚加瓦，但也算是在解決就業難題上不讓國家多操一份心了。

以上是一位白領為自己擺地攤兼職做的準備，看來這個小女孩還真有一套呢！從上到下，從裡到外都想遍。

現在可以說這是一個創業的年代，想自己創業做老闆的人越來越多，其中也包括眾多上班族。但是資金有限、時間不夠、缺乏經驗等是幾乎所有想自主創業的上班族都會遇到的障礙。

上班族有了幾年的工作經歷以後就會產生一種「惰性」，他們習慣了現在穩定的收入，但是又很矛盾，因為日益增長的物慾需求，是現在微薄的薪水所滿足不了的。所以他們想到了創業，但是又不願意突破現在的穩定，更不願承擔風險，所以許多人一直懷有創業的夢想，卻不敢踏出實際行動的第一步。

而很多上班族就選擇了做兼職。他們的出發點是「魚與熊掌兼得」。不用承擔創業的風險，一旦成功還有一筆可觀的外快，真是兩全其美的選擇呀！可是在得意的同時有沒有想過一旦失敗，他們失去的可不僅是創業失敗所帶來的經濟損失，更可能要面對的是即將失去一份曾經穩定的工作的威脅，還有曾經的豪情萬丈和理想。

但天下有「魚與熊掌兼得」這麼美好的事嗎？即使有，兼職創業也要謹慎小心、仔細規劃、盡心盡力。兼職創業本身也並非想像中那麼容易。

除了啟動資金等硬體外，還有上班慣有的思維模式制約，給別人工作的時間長了，思維方式往往侷限於原來工作的層面上，做的事情都是要符合老闆的心意，偶爾的創新也會被扼殺在搖籃裡。這種圍著別人轉的思維短時間內很難調換過來，導致很多人第一次創業都以失敗告終。再者一個人的時間和精力是有限的，既要兼顧本職工作又要操心創業項目的經營管理，比起上班的生活肯定更累。所以說並不是所有的人都適合創業當

老闆，尤其是時間緊迫的上班族。

其實，要根據個人的能力、機遇來選擇兼職職位的高低。不過，不管任何兼職，都可以同時累積一定量的資金，還可以鍛鍊能力、累積經驗。最重要的是不佔用上班時間，不用放棄目前穩定的工作，彌補了想創業的上班族的夢想，一舉兩得。

要想成功首先要盡心盡力地籌劃你的兼職創業。

一不要：別把你的創業看成是個人愛好，如果你希望它能給你帶來利潤的話，你就必須捨得時間和本錢，這很重要。

二不要：白天正常上班的時候心猿意馬，你時刻都要對得起別人付給你的那份薪水。當本職工作和兼職創業兩副重擔壓得你有些喘不過氣來時，你應該首先要照顧好自己的本職工作，另請靠得住的人幫你拓展業務，在忙不過來的時候，請親朋好友出手幫你一把，如果實在難以兼顧，那麼你必須在工作和創業之間做一個明智的選擇。吃著碗裡的看著鍋裡的，這是任何老闆都不能容忍的行為。所以要有清醒的認識，創業既不可高調又不可輕視。

三不要：如果你的兼職看不到「錢途」，不要氣餒。要記住很多人都是這麼過來的，大部分的人成功故事的背後都有這樣的無助與無奈。

一定要：要保護自己的權益，首先要簽好合約，否則事後很難補救。簽訂的兼職合約中要注意寫明：雙方姓名或名稱、聯繫方式、工作內容、報酬及給予方式等一些資訊。如果是單次工作的，最好要寫上完成工作的日期。這樣，雙方的權利義務事先明確後，若發生糾紛，比較容易得到法律的保護。特別是首次合作的對象，一定要簽合約，不要因為是朋友介紹就忽略了這一環節。

工薪族創業要堅持的事

獵人捉到一隻能講人話的小鳥，這隻小鳥說：「好心的人，你如果放了我，我會給你三個人生中非常有用的忠告。」

獵人說：「你先把忠告告訴我吧！我就放了你。」

小鳥說：「第一個忠告就是：做事不要後悔。第二個忠告就是：別人告訴你的一件事，你認為不可能的就不要相信。第三個忠告：當你爬不上去的時候就不要費力去爬。」

獵人實現了承諾，於是放了這隻鳥，突然，小鳥飛向了樹梢，牠得意洋洋地對著獵人大叫：「哈哈，你這個愚蠢的傢伙，我嘴裡有一顆珍珠，你竟然沒有發現！」

獵人一聽很想再次捕捉到這隻鳥，他費盡心力爬上這棵樹，無奈的，樹枝被他壓斷了，重重地摔了下來，鳥在枝頭亂竄：「你這個傻瓜，我剛才才告訴你的忠告現在就忘記了，你首先後悔你輕易的放走了我；其次，你又輕易的相信了我說的話，你覺得我那麼小的嘴裡能撐得下一顆大珍珠嗎？最後，你不能量力而行，非要爬上這棵樹，結果害

了自己！」

其實在創業經過中，不後悔、不輕信、不冒險是非常重要的。

誠然，在現實生活中，聰明人的反應速度確實讓他們佔了不少先機，但是並不代表他們會笑到最後。很多智力一般，但是踏實肯做，凡是盡全力的創業者反而會比那些「聰明人」要做得好、做得長。同時，在做決策時，不要靠一股腦兒來決定，這樣想出來的點子浮而不實，禁不起推敲。真的好決策是經過大量的市場調查、縝密細緻的分析最終得來的。

還有，在創業中，不要相信「一

夜暴富」這句話，因為這是一句道道地地的謊言。創業是一個艱辛而漫長的歷程，人們只看到李嘉誠安享晚年，坐擁龐大資產，卻看不到他創業打拼的辛苦歷程。所以，在創業階段，企業要做好準備來面對重重困難，提早做出準備來減少對創業者的個人和家庭生活的影響，還要透過各種保障來減緩財政上的巨大壓力，也要有積極的心態來面對萬一創業失敗要承擔的責任。

所以說，創業者運用自己有限的資源去改變現狀和命運，需要一個過程而不是一夜暴富。真實的創業故事都不是十分順利的，你必須在創業前累積足夠的資源，令你能撐到成功的那一天。

一隻小蝸牛看著自己身上重重的軀殼十分不滿，有天牠問媽媽：「媽媽為什麼我們要背著這個沉甸甸的殼啊，真的不舒服啊！」媽媽聽了之後笑了，「因為我們沒有骨骼的支撐，只能慢慢的前行，但是我們爬的又那麼慢，所以我們需要殼的保護啊！」小蝸牛還是覺得很奇怪，「那為什麼毛毛蟲沒有殼也可以生活呢？」媽媽耐心地解釋：「因為毛毛蟲長大之後可以變成蝴蝶啊！牠可以飛翔，一般的動物是不能傷害牠的！」「那蚯蚓不是也和我們一樣，沒有骨頭、沒有殼更沒有翅膀，那牠是怎麼生活的呢？」小蝸牛更納悶了，怎麼想也想不通！媽媽笑著說：「小蚯蚓可以鑽到地下面，牠沒有殼也是安全的啊！」小蝸牛聽後覺得十分委屈，牠對媽媽說：「為什麼啊！老天不管我們，大地也不管我們，我們好可憐啊！」媽媽看著小蝸牛的眼睛說：「孩子，把你的淚水擦乾，我們因為有這重重的軀殼，所以不靠天也不靠地，我們靠自己！」

如果我們把這則寓言歸類於創業中去，那麼你就會有深深的體會，人生路上，每一步都是靠自己的思想左右自己的行動。其他任何人的行為都是輔助作用的。有些人給了你助力，有些人給你設置障礙。這時沒有人全程陪伴你，只能自己去辨別、去分析了。很多時候，人們都會說：「環境改變人。」但是，很多時候，我們會發現，我們在逆境中能夠創造更多奇蹟。

當工作了幾年，準備脫離打工狀態自己創業的時候，不要著急。不要刻意去尋求發財之道。當你想自己做老闆的時候，你是否想過，做老闆容易嗎？想想有多少曾經輝煌一時的企業家、年輕人心中的偶像因為經營不當，因為林林總總原因而一夜之間破產。所以，不要覺得有些人一夜暴富而心存不公之念。利用自己的長處，汲取別人教訓，汲取別人的經驗，來充實自己的創業之路。

總而言之，創業路上靠自己。別小看這句話，當你想明白這句話的內涵，也就是你成功之時。當然，有人看了我的這些話肯定會反問我：「你自己做到了嗎？」奉勸能反問我這句話的人一句：不要去比人。走好自己人生路，靠自己去創業。

反射性

副業可以隱性，錢可以「生」錢

白銀的化學符號Ag來自它的拉丁文名稱Argentum，是「淺色、明亮」的意思，這是反射率的直接表現。30歲而立之年，不能再稱血氣方剛，也不夠老成。但獨特的屬於這個年紀的光芒，卻是沒有什麼可以阻擋的，對於金錢，已經有了一定的認識，剩下的就是如何能讓錢生出錢來。

安穩守財的時代已經過去了！

談及理財，很多人都會有這種看法：「不懂理財又怎樣，以前爸媽都這樣過來了，難道我不可以如法炮製老一輩的經驗嗎？」或者又會說：「錢夠用就好，反正老了之後，我回到鄉下種田，照樣活得很快樂啊！」

沒錯！每個人都有選擇生活方式的自由，但是現在不得不提醒你，安穩守財的時代已經過去了！今天的你，隨時可能遭遇失業、通貨膨脹、金融危機等各種不可預測的狀況！到時候如果你手頭一無所有，流落街頭也根本不算奇怪！2010年，如果你不懂得理財，那麼很遺憾，只能看著財離你而去。看看我們面臨的現狀吧！

首先，就業壓力增大。

早在幾年前，高中、職校擴招時，人們就已經意識到不久後的一天，大學畢業生將面臨艱難的就業環境。果然，2007年大學生就業率創十年來最低。這意味著，在畢業生人數逐年遞增的背景下，企業對大學生的有效需求並未增加，就業壓力還將繼續增大。而就在2007年，已有一百多萬的應屆畢業生無法實現當期就業。想想看，在這一百多萬

人就業之前，不要說有多少社會資源就這麼無情地被消耗掉，就是父母的血汗錢，加起來也是個很龐大的數目吧！

其次，全球經濟堪憂。

2007年，世界經濟在顛簸中度過不安的一年，次貸危機不僅給歐美大型金融機構帶來重創，更為整個信貸和證券市場帶來了信心危機。油價上漲驚心動魄，通貨膨脹的壓力驟然加大，美元貶值更使持有美元的國家和企業財富減少。2008年1月，由於食品和能源價格的飆漲，歐元區消費者物價指數（CPI）預估值為年率上升3.2%，刷新歷史記錄最高點，急需避免出現第二輪通貨膨脹效應。而中國內地CPI更是連創新高，已經有工薪階層平時都捨不得買豬肉吃了！其他商業調查也顯示，經濟增長下行風險已大大增加，歐洲央行也已暗示擔心世界經濟由此放緩，甚至陷入有可能衰退的危機。而世界經濟放緩，勢必將給中國經濟帶來影響，例如外需的下降有可能影響中國的出口貿易，同時也給就業帶來更大壓力。

更無奈的是，薪水增長的速度追不上物價飆漲。

2007年，中國食品價格上漲12.3%，其中，肉禽及其製品上漲31.7%，蛋上漲21.8%，居住價格上漲4.5%，全年70個大、中城市房屋銷售價格比上年上漲7.6%。而

食品和居住的價格上漲做為主要原因，更拉動了消費價格總水準。可憐的卻是全年城鎮居民人均可支配收入比上年實際增長12.2%；農村居民人均純收入實際增長9.5%。看起來相當高的薪水漲幅，其實上班族能夠得到的部分微乎其微，絕大部分都集中在高收入人群，正是應了「貧者愈貧，富者愈富」的馬太效應。難怪許多上班族感嘆日子越來越難過，薪水永遠趕不上物價。

而且人口老化增加政府財政負擔。

2005年《中國1%人口抽樣調查主要資料》顯示，中國60歲以上的老年人口已從1.2億增長到1.49億，佔總人口的11.03%，幾乎佔全球老年人口的五分之一。一般來說，中國法定退休年齡為男60歲，女55歲，以平均壽命統計，至少還有20年以上的退休生活。雖然社會養老保險一般是城鄉老年人在養老保障上的首選，但社會的力量畢竟有限，急劇增長的高齡化壓力已使政府的負擔越來越重，「養」和「醫」的問題也已經越來越迫切，大部分老年人也越來越不願意選擇依靠子女養老。可是，誰不想老了可以過上享受的好生活，而不是比剛步入社會時更加緊巴巴地過日子呢？

最後，股市前景未卜。

2007年對中國股民來說是「夢幻般」的一年。這一年，我們有幸目睹史無前例的大上漲，也見證了緊縮政策的產生，更有通貨膨脹需要減低流動性過剩因素。央行連續五次提高存貸款基準利率，十次上調準備金率，並多次發行定向票據。然而更遠的以後，股市是不是依然牛氣逼人呢？面對世界經濟放緩等影響，中國股市充滿種種可能，是該持股待漲還是該波段操作？股指期貨的推出會有什麼影響……中國股市勢必將面臨震盪的挑戰。

看到了吧！這就是我們面臨的社會情境，生活日新月異，安穩守財的時代過去了，行動起來，打理你的腰包吧！

致富的代價是什麼

一個人致富的途徑有很多，但每一條路都得付出相對的代價。理財專家陳先生給他的理財團隊出了幾道題，讓他們剖析以下方法致富的代價。

坑蒙拐騙和違法致富

公司白領何其說：「合法致富是很容易的，人們為什麼還要違法犯罪去冒坐牢的危險呢？除非他們真的喜歡從中尋求刺激。對我來說，冒坐牢之險致富是一個昂貴的代價。我是為了自由才想變得富有，何必去冒失去自由的危險？更何況如果違法犯紀，我將無法面對家人和朋友。而且，我一直認為自己是個低級的撒謊者，記性又不好，總是不能自圓其說。因此，最好還是說實話，我覺得誠實才是上策。」

貪婪致富

外商主管感嘆：「這種人在世上比比皆是。他們的口頭禪就是：『我要守住我的財

富。』」

貪財的人通常對其他東西看得也很緊。要是別人有求於他們或要求他們面授機宜時，他們多半沒空。貪心的代價是你不得不更加努力，以保住你想要得到的。牛頓定律提到，當有一個作用力的時候，必然有一個相對的反作用力存在。如果你貪得無厭，人們會以同樣的方式回敬你。

按照經濟學和物理學的法則就是付出你想要的。想要得到微笑就先微笑，想要挨揍就先出拳，想要獲得財富，就要先給予。雖然，對貪婪成性的人來說，鬆開拳頭往外掏錢實在是一件難事。

靠假冒偽劣產品致富

這點讓剛當上父親的徐先生情緒激動，他說：「靠劣質產品致富，意味著你也很劣質。這就是問題的實質。這個世界最討厭這種有錢人。人們之所以憎恨查理斯·狄更斯的名篇《聖誕頌歌》中的人物斯克瑞奇就是因為這個原因。」他又說道；「像斯克瑞奇那樣致富的人給有錢人帶來了不好的名聲。生於貧窮，死於貧窮是一種悲劇，而生於貧窮，為財而死則是瘋狂的。」

自己孩子剛剛經歷了奶粉結石的徐爸爸，平靜下來後又說：「我認為有錢就可以享受生活，所以我努力工作，我的錢也在努力運轉，最後我享受到了勞動的果實。」

「致富有兩種方法，一種是多賺錢，一種是少慾望。問題是大多數人在這兩方面都不行。」

陳先生看著他的學生，簡單評論，如果你們能夠守住今天說的話，那麼理財的道路上，你們不會有大的風雨了。接著，他講述了自己10年前的心路歷程。

10年前的陳先生，剛剛大學畢業不久的他常掛在心頭的一個詞就是：賺錢！

他講道：「很長時間，感覺錢對我實在太重要了，常常不免為此大傷腦筋，有時想到如此難辦的問題、如此讓人頭痛，到底是為了什麼？在計畫進展不順、壓力過大、身心疲憊的時候，情緒低落、經常想要放棄、甚至自憐自嘆、怨天尤人，然後重新鼓勵自己、振作情緒，重新開始生活。這樣反覆反覆再反覆！不禁讓我想到：賺錢的代價！」

他接著講道：「站在窗邊看著車來車往的街道、走在路上看著匆匆忙忙的行人，幾乎每個人都是在為了錢而奔波勞碌！

有錢的人，也在努力賺錢，只是付出的辛勞相較窮人容易些，但，一樣放棄休息、放棄娛樂、勞心勞神的與世界周旋。

沒錢的人，更加努力賺錢，想盡辦法賺錢，有時是在拼命賺錢。放棄的不只是時間和原本並不豐厚的資本，還有汗水、尊嚴和青春！

想來想去，這一切都是為了什麼？放棄那麼多值不值得？最後得到的結果：值得！因為它讓我換來了自己更珍貴的東西！簡單說，為了生存，為了活得更好！

有時感覺賺錢其實應該是件有意思的事，貨幣就那麼多，不是放在你的口袋裡，就是放在別人的皮夾裡，一個人不論用什麼方法、什麼方式，當然前提是合法，能把別人口袋裡的錢，變到自己的口袋裡來，這不只是換來了好的生活，更多的應該是能力的表現、智慧的肯定，相信這不只對男人重要，對現代女性一樣重要！

如果一個男人不能把別人口袋裡的錢變成自己的，那不只是自己口袋裡的錢變成人家的！更有可能，原本是你的房子有一天就會變成別人的；原本屬於你，一切好的生活都將變成別人的，更有可能，原本屬於你的女人也會變成別人的老婆，就連你的兒子也有可能叫別人爸爸！

你賺不來別人的錢，就等於留不住自己的家！

女人呢？一個女人如果沒有能力把別人口袋裡的錢變成自己的，那麼原本可能屬於妳的一切也都將變成其他女人的！包括愛情、包括家庭！因為沒有錢，妳就不能穿好看

的衣服、不能買好一些的化妝品，甚至不能吃有營養的東西，沒有這些東西的滋潤，怎麼可能有青春美麗的臉和身體呢？不只妳得不到像其他女人都有的那些滋潤，更可怕的是，因為沒錢，就要去努力賺錢，那麼勞動會毀了妳的手、壓力會破壞妳原本溫柔的秉性，讓妳變得開始煩躁，無心風雅、無心情趣、無心浪漫，因為這一切，原本健康的身體也有可能體弱多病，試想就算一個再好的男人，原本再愛妳的他，在這一切一切的變化後，妳的愛情還能守多遠？家庭還能留多久？

只怕那時連自己都不能怪他的背叛與放棄！是自己留不住！

哦，想來想去，看來人是要努力賺錢的，至於賺多少才可以呢？要看你需要的標準是多少？但這標準是會漲的，因為人都有慾望！有慾望沒有錯，無論男女！想要好的生活沒有錯，也無論男女！只要合理就好！只要適時就好！」

所以，十年來，他工作、投資、理財時新手的原則就是合適就好。絕不能為了錢而付出不該付出的代價。他守住了，他做到了，所以他有今天的安然和舒適，不僅錢夠了，心也豁亮許多。

低薪時代，兼職賺錢

前幾年如果閨瑜在工作之餘做兼職，經常是偷偷摸摸的，如同從事「地下工作」。如今在她工作的這個大城市，兼職已經成為一種時尚。白天全職，晚上、週末兼職，再留出自由的休息時間，同時間拿雙薪，何樂而不為？閨瑜看著自己的銀行帳戶，笑嘻嘻的得意著自己的兼職收穫。

確實，在金融危機的低薪時代，兼職是獲得額外收入的法寶之一，但是不是所有人群都適合兼職，看看下面這些六年級生們的兼職之道吧！

第一招：陽光下的兼職

適合人群：自身有特長、有固定時間，且有創業熱情的年輕人。

前幾年如果有人在工作之餘做兼職，一定會偷偷摸摸，如同從事「地下工作」。如今在一些比較開放的大城市，兼職已經成為一種時尚。兼職職位有高有低，需要根據個人的能力、機遇而定。不過，不管任何兼職，都可以鍛鍊能力、累積經驗，同時還可以

累積一定量的資金，又不佔用上班時間，不用放棄目前的工作，真是一舉兩得呢！

米米今年29歲，是拿月薪八千塊的機關文書人員，如今正兼職著自由撰稿人。她讀大學時就非常喜歡寫作，曾經也是中文系有名的才女，所以業餘時間米米便寫點文章投稿到報社。沒想到這點愛好居然也給自己帶來了不錯的收入。因為把寫稿當成一份「事業」來做，所以寫稿的熱情一下子被挑動起來，開始有針對性地給不同的報社、雜誌社寫稿。現在米米每月的稿費收入在一萬五左右，已經和薪水差不多。而且生活也變得快樂而充實，既打發無聊時光，更重要的是從自己喜歡做的事情中賺錢。這種成就感真是讓米米興奮極了。

但是上班族在選擇兼職的時候，一定要注意與自己的特長和未來發展的方向相結合。兼職是為了縮短自主創業的距離，縮短從打工者到老闆的距離，如果陷入到為兼職而兼職，為眼前的一點蠅頭小利斤斤計較，而忘記了對自己能力的鍛鍊和資源的累積，那就有點得不償失了。

第二招：拓展業務人際關係巧利用

適合人群：工作經驗豐富，人脈廣，溝通能力強。

做自己工作之外的副業可以充分利用在工作中累積的資源和建立的人脈關係，這是上班族的一個特點，也是上班族的一個優勢，學會充分利用在工作中累積的資源和建立的人脈關係進行創業，可以大大減少創業風險。因為相當於原來工作的延續，創業也比較容易踏上成功之路。

36歲的豪軍，是一家公司的部門經理，月收入35000元。他的兼職方法是利用客戶關係經營建材。

豪軍的工作公司以經營化學製劑為主，工作十幾年讓他累積了不少客戶資源，後來跟自己的幾個朋友一合計，放著這麼多資源不用實在浪費。幾個人合夥開了一家小型建材店，分工明確，豪軍只負責銷售。憑著自己跟客戶多年合作建立的信任，建材店很快就打開了局面，接下來自然「財源滾滾」了。

但是要注意不能將個人生意與工作公司的生意混淆，將工作秩序顛倒，甚至只要是有利可圖的生意就歸自己，而無利可圖或者虧本的生意就歸工作公司，這樣做不僅要冒道德上的風險，而且很有可能會受到法律的制裁。另外，要區分清楚主業、副業，不能因為自己的創業活動影響公司的工作。

第三招：產品代理銷售並建立網路

適合人群：頭腦靈活，有市場意識，眼光獨到，判斷力準確，並有一定的風險承受力。

31歲的呂先生是超市職員，月收入三萬塊。他的兼職方法是代理保健品。

呂先生的工作屬於比較規律的那種，而且因為工作性質，可以和同事經常輪休，一個偶然的機會，一個在醫院工作的朋友介紹呂先生認識了現在做的這種保健品。憑著自己多年的售貨經驗，再加上朋友專業的講解，呂先生覺得這種保健品肯定有市場，剛開始呂先生還屬於三級代理，經驗豐富之後，現在已經成為一級代理，不僅銷售網路日趨完善，收入也比之前有了不小的改觀。

但是，在選擇代理產品時，必須是真材實料的，必須是正規企業生產的，最好經相關部門認證的有合法手續的產品。最好直接與生產廠商接觸，而不要做二手甚至三手的代理商，除非生產廠商有特殊要求。

綜上可以看出來，「兼職外快」是因人而異的。

首先，中老年人比年輕人更適合從事「額外工作」。因為年輕人往往都是一個單位的核心力量，而且正是在工作中鍛鍊自己，提高自身業務素質的大好時機，如果分散過多精力在其他方面，勢必會影響自己的職業發展，也會影響工作單位的整體利益。

其次，不要被短期的眼前利益所矇蔽，進而放棄對自己本職工作的長遠規劃，到頭來真正吃虧的還是自己。如果要選擇八小時之外的工作方式，還是建議採用網路開店和兼職兩種形式，因為相對於一般家庭來說，這兩種方式風險較低。而做產品代理需要對產品、銷售，以及產品的前景有正確的判斷，一旦判斷失誤，損失較大，一般人承擔不了這種潛在風險。

邊工作邊賺錢

菁菁是標準的月光一族，平時最喜歡的就是瘋狂地用手中的信用卡購買一切自己心儀的東西，等到發薪水後，再忙著繳款，每個月都是重複性的賺多少花多少，家裡堆了無數的商品，儲蓄帳戶卻空無一文。無奈之下，聽說開個網路商店可以賺點小錢，她便開始行動，搭建自己的小店。皇天不負苦心人，靠著產品的新奇和品質的優良，菁菁的小店硬是立穩了腳跟。

小店的生意火紅起來後，一開始，菁菁都是把每天的營業額盤點完，以活期存款的方式存到銀行帳戶上，要去進貨時再領取。麻煩不說，時間一長，自己這喜歡購物預支的老毛病就又犯了。眼看著進貨的資金要朝著枯竭的趨勢進發，自己努力的心血，有可能因為「敗金行為」化為烏有，真是想想都心疼，終於菁菁決定重新規劃自己的「錢」途。

「學會跟金融界專家打交道，交幾個理財師做為朋友和生活顧問，是最明智的選擇。」這幾句菁菁常常掛在嘴邊的警句，終於被事實證明是如此的英明。

在朋友的打理下，菁菁的存款扶搖直上，但朋友忍不住又語重心長地告誡菁菁：「吃不窮，穿不窮，算計不到一世窮！理財最重要的就是開源節流，現在開源她是做的不錯，但節流也不可忽視！」沒想到得到的回答不是想像中的頻頻點頭認可，而是一個字：「切！」對她這種六年級生來說，開源永遠都是首當其衝的事情。

首戰告捷，使得這位六年級生對投資的興趣越來越濃，膽子也越來越大，甚至把生意做到了國外。

菁菁的朋友靚靚因為工作關係，經常國內國外的飛。一個偶然的機會，她發現批發市場5塊錢兩三個的手機吊飾，在歐洲一些國家，居然可以賣到1歐元一個！而在國外那些日子，跟菁菁一樣愛美的靚靚還發現，同樣的知名品牌化妝品價格要比國內低了很多。回來時閒聊的話卻引起了菁菁的極大興趣，一番仔細的

謀劃後，菁菁決定把生意做到國外去。

於是菁菁找到靚靚幫忙，菁菁到小商品批發市場，批發來進價極低但是製作很精細的小裝飾品，由靚靚出國的時候隨身攜帶，賣給當地的小商店，然後用賺來的錢，購買當地有特色和有紀念意義的紀念品和當地的化妝品以及服裝，帶回國後由菁菁負責銷售，靚靚是工作、賺錢兩不誤，菁菁是賺錢就是工作，雖然忙了些也累了些，但看著源源不斷的投資報酬，真是累也快樂！菁菁就這樣，靠著獨到的眼光和出色的銷售技巧給自己的生活新開了一條財源，最可喜的是這條財源還不阻擋菁菁的正常工作，一舉兩得！

與財共舞盡顯主婦本色

金先生的公司最近出了麻煩。準備金一年的一項投資在關鍵時刻，因為一筆呆帳斷了原本看似牢固的資金，而後來好不容易談好的一筆銀行貸款，卻因為銀行最近出現緊縮貸款的新規而泡湯，眼看著前期的投資就要付諸東流，急得金先生一夜添了不少的白髮。

金太太看到老公憂心忡忡的模樣，心疼不已，趕忙拿出了自己全部的150萬私房錢，這讓金先生吃驚不已。金太太只是一個平凡的全職主婦，沒有任何社會職業，即使有平時金先生給她不低的生活費，但最多也只不過有100萬左右，自己老婆哪來的這麼多的私房錢呢？看著老公一臉迷茫的表情，金太太不慌不忙略帶得意地把自己私房錢的由來告訴了老公。

這幾年孩子上了中學，金太太的閒暇時間頓時多了起來。閒來無事喜愛韓劇的金太太，一日在看到影片中的包租婆的時候，突然受到了啟發，想到自己在家沒事，不如做一回包租婆，既賺錢，還能打發多出來的許多時間。

擇日不如撞日，第二天送走孩子和丈夫後，金太太就開始著手查看租屋資訊。經過幾天的忙碌，金太太收集了不少的房產出租的資訊，本就金融科系出身的金太太，決定把重點放在大學專校附近的套房上。按照金太太的想法，選擇大學專校附近的套房至少有兩大優勢。首先，每年來本市參加各種大型考試的人非常多，而考場通常都設在大學專校附近，每當考期來臨，房子肯定會供不應求。其次，在學校附近還有一個好處就是人員流動大，基本上不會出現房子閒置的情況。除了採用長期出租的方式外，還可以短期出租給臨時來學校看望孩子的父母，甚至還可以根據季節來選擇日租屋和鐘點房等方式。由於房子選擇在大學專校附近，對學生和老師來說，上課和工作都非常方便，因此房子比較受歡迎，出租價位也比較高。

於是，金太太拿出自己100萬元的私房錢，以5年的期限，租下了大學附近的四間套房，裝修之後雖然簡單但也別致溫馨，又添置了各種家電，然後很順利的高價租了出去。沒事的時候，金太太一邊享受居家主婦的樂趣，一邊留心收集各種租屋資訊，短短幾年時間，金太太就用這種方式做了二手「房東」。

因為裝修費和家電費的支出是一次性的，因而越往後的純收益越高。而且還不用繳納任何費用，管理還靈活機動，所以可以說是穩賺不賠的生意。金太太就這樣靠二手房東，賺到了第一桶金！

有了如此多靠自己努力賺來的錢，可把全職主婦金太太樂極了，本來想把這件令人興奮的事告訴老公，但又怕老公操心，嫌她多事。因此，金太太便悄無聲息地把這筆錢放到了股票帳戶裡，並委託證券業幫她專門用來抽新股，只要有新股發行，就用這筆錢申購新股，不申購的時候，就放在股票帳戶上享受活期利息，穩賺不賠。

就這樣，透過「包租婆」和小股民的歷險，金太太就積攢下了讓老公跌破眼鏡的厚厚一疊私房錢。

全職主婦生財記

全職太太小艾是閨房密友們眼中最豔羨的一個，每天輕鬆愉快還財源滾滾，小艾每次聽到誇獎都會得意的露出小虎牙，再一次講述她的全職主婦生財記。

小艾結婚後不久，就辭職在家做起了全職太太，打理家務和財務。不要以為她是哪位有錢人的闊太太，小艾老公也只有一份比一般人略高的薪水，而她之所以選擇「家居」，除了社會觀念的更新外，主要還是想給忙碌的老公搭建一個休憩舒適的小窩，同時也給自己一段放慢生活腳步、學習充電的時間。因此，即使是做了全職主婦，小艾也並沒有因此放棄規劃生活，尤其是理財投資的步伐，因空閒時間較多又沒有生活壓力，小艾的一筆家庭經濟帳算得更加出神入化。

每天小艾最主要的精力，都放在打理老公的日常起居之上。小艾是個既務實又講究生活品味的人，除了注重營養配備，還特別講究外觀賞心悅目，什麼菜用什麼樣餐具搭配都準備得一絲不苟，做出的每一道菜都給人視覺和味覺上的雙重享受，力求做到色、香、味俱全。

自我欣賞之餘，小女人愛炫耀的特質就暴露出來了。於是，時不時地把自己的得意之作拍下來，放在自己的部落格裡秀一秀，順便把原料、做法甚至典故用優美的文筆娓娓道來，讓自己部落格從內而外地充滿了烹飪的色、香、味。

小艾的烹調部落格，不久就吸引了許許多多的小主婦們，甚至還吸引了不少的廚具用品商。因為這些廠商面對的客戶，主要是小艾這些時尚的家庭主婦，看到小艾的部落格每天不低於萬次的瀏覽量，就主動找到小艾，不僅邀請小艾去烹調補習班講課，還在小艾的部落格上刊登廣告。更有一些食品商也找到小艾，答應提供一些免費的食材供小艾使用，條件只是小艾把製成品拍成照片，然後張貼在公司的網站和小艾的部落格上，這樣，除了不費吹灰之力得到免費原物料外，小艾每月還從食品公司獲得報酬。僅此一項報酬，就相當於當初自己一個月的薪水。

本來花錢準備的一日三餐竟然成了小艾的賺錢工作，八尺廚房無意中成了小艾的工作間，全職太太的生活過得充實而愜意，難怪小艾會樂不思蜀。

小艾不僅透過廚房賺錢，而且還有其他金錢的小門道。

小艾大學攻的是外語，德語、法語和英語是她的強項，因為不想因賦閒在家而荒疏曾經所學，小艾會有意識的找一些原版的外文書籍閱讀，有時候，也會上一些外國網站瀏覽，機緣巧合，碰見了問卷調查，但是覺得好玩，也就按照要求填上一些打發時間。不久，竟然收到了要求提供卡號以便匯寄美元和歐元的函件。小艾大樂，原來舒舒服服的坐在家裡，填幾張問卷就能賺錢，小艾感覺這純粹是天上掉下禮物一樣的好事。於是，抱著半信半疑的想法，她到銀行辦了一張新卡，沒想到不久後，還真收到了款項，詢問之下才得知原委。

原來，在外國，很多年前就有專門以做調查為業的人，英文叫做Professional Survey Taker，翻譯成中文就是「專業調查人員」，在中國這些人被稱為「調客」一族。

後來小艾才聽說，因為中國擁有全世界最多的人口和巨大的消費潛力，所以許多國際大的調研公司在以前所未有的勢態在中國拓展業務。而小艾誤打誤撞的闖進去當了「調客」。其實這種「調客」和小艾偶爾從事的「威客」一樣，是一種簡單、自由的，非常適合全職太太選擇的在家工作方式。只不過，做飯寫部落格需要費盡腦力地開發自己的聰明才智，而「調客」則相對輕鬆多了。

於是，小艾和一些志同道合的全職太太朋友一起客串起了「調客」。幾個月下來，小艾發現不僅收入非常可觀，而且還藉助網站這個平臺，結識了各個行業的網友，有的甚至成了網路的好友。業餘時間，呼朋喚友一起逛街、鍛鍊、出行，舒服的難以形容，而時間又完全由自己支配，比上班不知道愜意多少倍！難怪過去的同事見到小艾都驚訝地說：「呀！小艾，妳怎麼比過去還滋潤！」

同時，小艾還發現，現在各大網站為了提高點擊率，經常舉辦各式各樣的網路文學大賽，數以萬計的參賽選手，不分男女老幼一起上臺亮相。

原本小艾以為參加這樣的比賽一定水準很高，選手一定都是一些高手，但是，看了幾期以後發現，得獎的許多選手與她一樣，都是再尋常不過的全職太太，並沒有十分突出的地方，尤其是有幾期的大獎得主還是小艾的網上好友。得獎的很大一部分原因，都得益於部落格的點擊率和人氣，對文字和格式的要求並不是特別的苛刻，只要文理通順，表達清晰，情節適當就可以了，而部落格的點擊率和人氣，這兩方面恰好是小艾的強項。

於是，小艾也試著參加了其中的一期比賽。跟以前相比，有了小小的壓力，反而激發了小艾的創作慾望，短短的時間內，生活經驗充足的小艾就寫出了數量可觀的文字。雖然，不到一個月的參賽過程是累了一些，但後來如願得到萬元大獎的興奮與喜悅遠遠超過了參賽的疲累。更難得的是，比賽得獎提高了小艾部落格的知名度，網路大賽結束後不久，就有報紙、網站和許多品牌雜誌編輯主動和小艾聯繫約稿了。

後來，小艾就有意識地參加一些類似的網路比賽，經驗多多的她總是能得到不同程

度的收穫。小艾參賽都是抱著重在參與的心態，得之欣然，得不到也無所謂，就當自娛自樂了，少了些許功利性的束縛，反而收穫的比常人更多了些。

小艾本來就是一個很感性的新女性，受過高等教育，視野原就與尋常女子不同，悠閒在家的日子又沒有放棄充電學習，同時也以積極地接觸社會，時刻緊跟社會潮流，不讓自己out，精神生活過的非常的充實，因而文筆清新時尚，頗受編輯的青睞。每天小艾只要抽出一兩個小時寫作，一個月下來稿費就很可觀，而且，此舉還有一個意想不到的好處，就是無形中還提高了小艾的社會形象和家庭形象，連老公的同事也羨慕他有一個作家太太，連帶婆婆也對小艾刮目相看起來，再也不把小艾當成單純的家庭主婦看待，而是逢人就說：我兒媳婦是作家，專門在家寫作的，經常上報紙、雜誌的！看，面子、裡子都有了。

現在有越來越多的女孩子在找男朋友時，就提出要求，希望結婚以後能當全職太太。這些女孩子不再以追求更多的財富為主要目的，而是選擇回歸家庭，更好的享受婚姻生活，打理家財。這樣的女孩子做為新時代的高學歷、高智商的小主婦，不要擔心當全職太太委屈了自己，看看小艾的幸福生活就會明白，選擇了全職太太一角，依然可以依靠自己的理財能力，提升生活中的理財智慧和個人魅力。

超市不能說的秘密

大潤發、家樂福、頂好等許多大品牌超市讓年輕人趨之若鶩。誠然那裡寬敞舒適的購物環境，種類繁多的商品，「零距離」無障礙的購物方式吸引了無數的年輕人。不得不承認超市已成為我們生活中不可缺少的一部分。但是，在一些超市裡，偶爾會出現這樣的現象：熟食櫃檯裡出售的食物，上面標註的日期竟然還沒有到。

有句名言，地球是平的，美國超市被記者揭發了很多暗藏的秘密，無獨有偶，我們的情況也大同小異。讓我們來看看吧！超市裡究竟都藏著什麼秘密。

秘密一：早上8：00～9：00是購物黃金期

有關調查顯示，這個時間，超市裡的人流量最小，但蔬菜、鮮肉類食以及海鮮產品是最新鮮的。晚上8：00以後超市人最多，但很多食品，如蔬菜、海產品、豆製品等都不新鮮了，開始打折促銷。

其實，散裝的新鮮肉食都是早上上架，蔬菜也是最新鮮的，此時購買這兩種食品性

價比最高。但水果卻不能保證，因為很多水果都要存放兩三天，每天在水果表面淋點水，就會讓它看起來依然很新鮮。對於晚上超市的打折促銷活動，還要記住那句老話：天上不會掉下禮物，對食品而言，只要是打折促銷的肯定不新鮮，尤其是熟食和豆製品，一定要慎重購買。

所以，蔬菜、水果最好去傳統市場買。那裡的東西更新鮮，而且很多地方跟超市的貨源一樣，價格也會更便宜。如果去超市，盡量早上去。

秘密二：在冰櫃最裡面找新鮮牛奶

無論大小超市，每家超市的牛奶、優酪乳、袋裝熟食等食品貨架上，人眼平視過去，最先看到的，擺在最外面的商品，生產日期幾乎都不是最新的，反而越靠裡擺放的生產日期越近，也就是說「越新鮮」。

某大型超市中，貨架中間一層的5瓶裝養樂多生產日期是7月12日，而上下兩層擺放的生產日期分別為7月15日和7月17日，而人們的購物習慣是目光都先集中在中間的貨架上，所以中間的商品也賣得最快。

這就看出來超市在擺放商品上的一種行銷策略，把商品按照不同位置擺放，很大程

度上可以促進銷售量。例如，利潤較大的物品擺右邊，因為大多數人習慣用右手，所以總喜歡拿右邊的東西。一些不太新鮮的食品，通常也會擺放在這個位置。多聰明的設計！

而生產日期靠前的牛奶、飲料等食品則擺在與顧客視線平行的位置。一個調查結果顯示，放在與顧客眼睛視線平行位置的商品，可以增加70%的銷量。這也是超市物品擺放的最佳位置，第二是齊腰的地方，第三是與膝蓋平行的地方，這些位置擺放的商品利潤都比較大。

年輕人走進超市時，一定是抱著為自己和家人挑選出最健康的食物去的，但結果往往事與願違，一些並不符合要求的食物卻被放進了購物車裡。

秘密三：買一送一有蹊蹺

消費者購物時並不注意自己不需要的商品價格，商家根據這種消費習慣，提高價格後再附贈品。

世權威調查顯示，折扣標誌可增加銷量的23%，特別是促銷食品，基本上都是一個新的搭一個舊的賣。為避免被捆綁促銷吸引，建議年輕人購物時把注意力應放在你想購買的東西上，而不是和它捆綁銷售或附贈的物品上。

秘密四：用燈光讓食物更「新鮮」

我們到超市裡會發現，那裡擺放的各種肉類，都紅嫩新鮮，各種蔬菜都翠綠無比。等買回家再看，就不是這麼回事了。原來，超市裡都特意選用粉紅色的燈光照射肉類，會顯得格外鮮嫩；選用綠色的燈光照射蔬菜，會顯得更綠。另外，不少熟食在暖色光的照射下顯得像剛出鍋似的，其實不然。

秘密五：超市特價並不特別便宜

有的時候含三包的小零食標的特價反而貴出許多。不經常購物，不熟悉商品價格的

顧客往往一見特價就購買，難免上當。

像這樣，超市在促銷的時候，都會推出一些特價商品，很多人認為特價商品就是價格便宜的商品。商家正是利用人們這種認知上的錯誤觀念，將一些正常價格的東西甚至是高價的東西，標成特價出售。

秘密五：散裝熟食才不是永不過夜呢！

在一些超市裡，偶爾會出現這樣的現象：熟食櫃檯裡出售的食物，上面標註的日期竟然還沒有到。然而標有當日生產日期的熟食，其實並不新鮮。舉個例子，今天賣的香腸裡可能會摻雜前幾天沒有賣完的香腸。而且熟食的包裝層數越多越不新鮮。一般情況下，很多熟食如肉類和香腸類都用保鮮膜包裝，包了一層的，說明東西還比較新鮮，層數越多，越能掩蓋其不新鮮的一面，而且很多都是因為食品失水，才導致包裝袋滑落，所以只能多包幾層。另外，最好不要買降價、促銷的熟食和豆製品。因為那些熟食的品質很難保證。

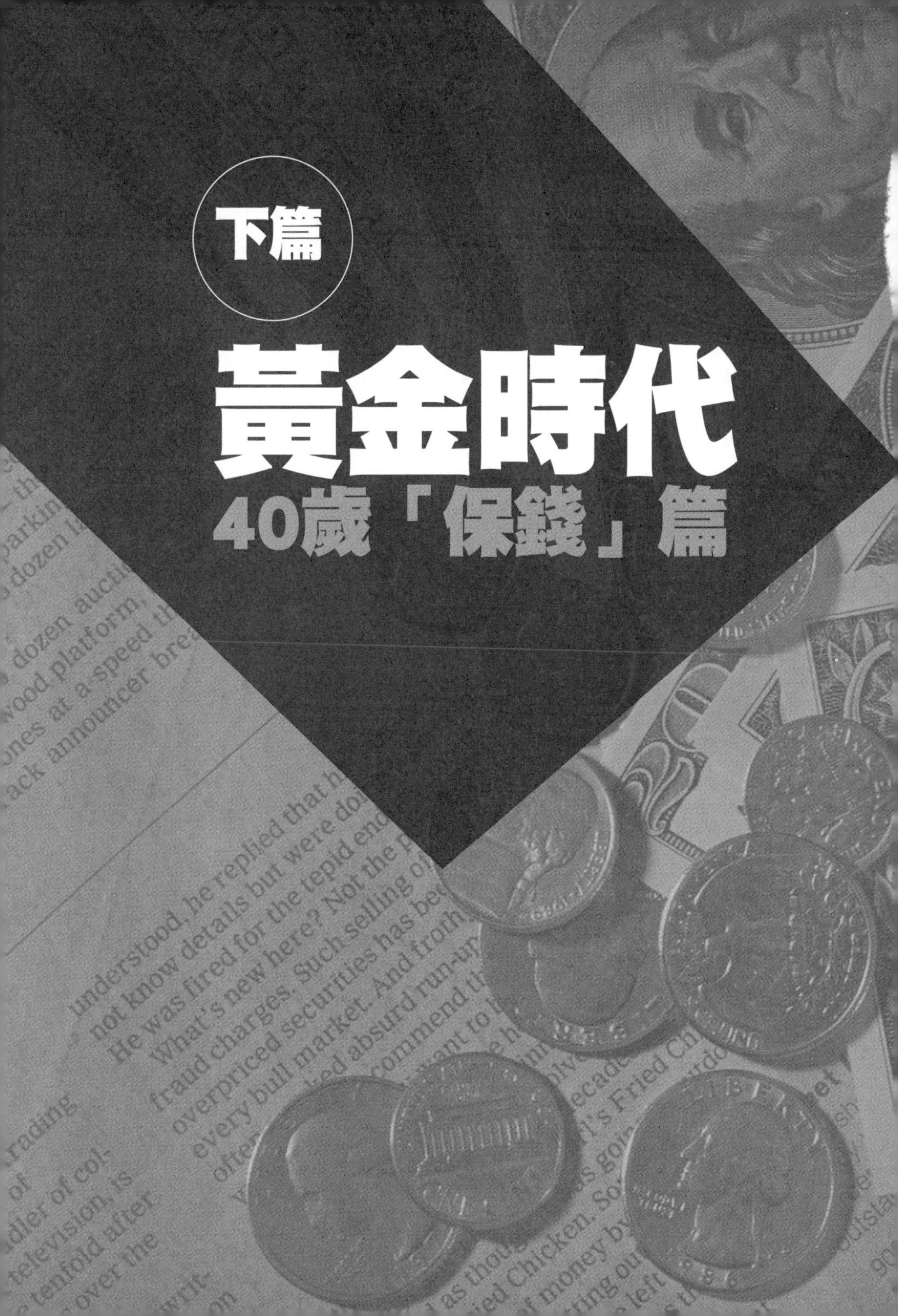

下篇

黃金時代

40歲「保錢」篇

抗腐蝕

規避風險應為先，穩健投資「保錢」為上

真金不怕火煉，又何況其他的腐蝕。人到中年，可以說是人生的黃金階段，度過年輕的事事懵懂、度過了創業的艱難勞苦，雖然沒有停下腳步，但卻可以享受自己的成果。穩妥的投資，是最好的選擇。

投資能給我們帶來什麼？

事件1

中國搜尋龍頭百度於美國時間2005年8月5日登陸那斯達克，發行價27美元，開盤價66美元，最高151美元，收盤122.54.美元。這些數字意味這短短的幾個小時內，百度不僅創造了網際網路新的神話，同時也造就了一大批富翁。

百度的CEO李彥宏：9.89億美元

百度的CFO王湛生：4220萬美元

百度的COO朱洪波：4220萬美元

百度的CTO劉建國：3904萬美元

百度的副總裁梁冬：1700萬美元

百度聯合創始人徐勇：3.02億美元

事件2

新東方上市重要資訊：

股票代碼：EDU

業務：教育

上市時間：美國時間2006年9月

上市地點：美國紐約證交所

發行股票：750萬股美國存託憑證

發行價：15美元

開盤價：22美元

融資：1.125億美元

公司註冊地：開曼群島

CEO：俞敏洪

持有公司31.18%股權的董事長俞敏洪的資產超過18億元人民幣，成為中國最富有的教師。

上面兩個事件，足以表現投資的神奇！

這就是投資的神奇！那些持有公司股票被叫做股東的人，由於公司良好的成長性而大獲豐收。而投資者本人一夜之間也可以發財致富了。

而對於我們，不奢望資產是以億來衡量，不惑之年的我們，資產可以穩定增長就可以了。對我們的投資也會帶來以下的好處。

1、過更好的生活，提高生活品質

每個人都希望過好日子，也許你現在有幾處房產，但還缺一幢別墅，這個願望難道你不想實現？也許你現在有一輛國產的汽車，你是否想開輛進口車馳騁在空曠的馬路上？你是否想每年出國旅遊一次？這些都是基本生活需求以外的奢侈想法，但並不是幻想。追求高品質的生活是投資規劃的另一個目的。

2、收入的增加和資產的增值

人們除了辛勤地工作獲得報酬之外，還可以透過投資使自己的資產增值，利用錢生錢的辦法做到財富的迅速累積。

3、抵禦「天有不測風雲」

古人云：「天有不測風雲，人有旦夕禍福。」一個人在日常生活中經常會遇到一些意料不到的問題，如生病、受傷、親人死亡、天災、失業等，這些都會使個人財產減少。為抵禦這些不測與災害，必須進行科學的投資規劃，合理地安排收支，以求做到在遭遇不測與災害時，有足夠的財力支持，順利度過難關；在沒有出現不測與災害時，能夠建立「風險基金」，並使之增值。

4、擴大內需，造福國家

看到投資的好處了嗎？知道自己投資的目標了嗎？為了讓錢生錢，我們得趕快行動，但是「投資」並不是「投機」。

我們做股票究竟是「投資」還是「投機」呢？這是一個很實在的問題，但並不是一個很複雜的問題。

投資就是長期持有股票，分享公司成長帶來的收益。投機就是透過二級市場的差價獲取收益，持有期限比較短，甚至可以短至一個交易日。

假設你有50萬元，用投資的方法，而且抓到了一家罕見的10年漲10倍的股票，那麼

10年後的資金是500萬元，離超級富豪的目標還相當遙遠。同樣是投入10萬元，投資者用投機的方法每年翻一倍，這樣5年後就是3100萬元。接著再進行投資，假設年收益率很低，只有30％，這樣再過5年資金也可達到5000萬元。兩種方法的差異在10倍以上。

但是，投機的過程中如何在前幾年中使資金快速增值，這是投資者必須攻克的一個難題，所以還必須做到首先是要保證有足夠的時間和精力用於看盤，其次是必須自己琢磨出一套判斷主力動向的方法，最後還要結合一些短期的基本面因素進行決策。當然，這其中的難度可想而知，但只要時間到了總是會有收穫的。要堅定不移地堅持下去，要相信自己能夠獲得最終的成功。

大勢對於投機並不重要，投機只看重個股，否則的話手裡拿著10萬元永遠也圓不了當富人的夢。投資的風險也是相當大，有可能是賠了夫人又折兵。所以要一顆紅心兩手準備。也一定會有人譏笑投機很累。但投資者都知道，所有的成功者都是累出來的。累也許不一定能獲得成功，但不累是肯定不能獲得成功的。

如果投資者只是為了資金的保值、增值，或者手頭資金非常多，那麼可以遠離投機。

借錢投資，是禮物？是騙局？

在現今的社會，任何鉅額財富的起源，建立在借貸基礎上的是最快捷的成功方式。換句話說，如果要發大財先借貸。沒有本錢怎樣發大財呢？當然，借錢就得付利息，但你不要害怕，你利用了別人的資本賺錢，你贏得的部分，可能遠遠超出了你所付的利息。「空手套白狼」的好事情，實際上是一種「借錢投資」的理財方式，把它當作天上掉下的禮物也未免過於天真，但把這種方式簡單地劃為「騙局」似乎不恰當。

阿克森靠借貸賺錢起家，從清貧的律師變成億萬鉅富。

阿克森二十八歲那年，還在紐約自己的律師事務所工作。面對眾多富豪，阿克森不禁感慨自己的貧困。他決定要闖蕩一下。

可是對一貧如洗的他，有什麼好辦法呢？前思後想，他終於想到了借貸。

有一天，一大早他來到律師事務所，處理完幾件事後，便關了門往鄰街的一家銀行去。找到這家銀行的借貸部經理，阿克森直言要借一筆錢，修繕他的律師事務所。結果

是，當他走出銀行大門的時候，他的手中已握著一萬美元的現金支票。在美國，律師社會地位很高，因此可以輕易借出錢。

接著，阿克森又進入了另一家銀行，在那裡存進了剛剛才拿到手的一萬美元。完成這一切，前後總共不到一小時。之後，他又在兩家銀行裡重複了剛才的做法。

這兩筆錢的借款利息，用他的存款利息相抵，也差不了多少。幾個月後，阿克森取款還清債務。同時，他在幾家銀行也建立了初步信譽。此後，阿克森在更多的銀行玩弄這種把戲，並且數額越來越大。不到一年，他的銀行信用已經很高了。

不久，機會來了，阿克森又借錢了，他買下了費城一家瀕臨倒閉的公司八年之後，阿克森擁有的資產達1.5億美元。

做生意需要本錢，個人本錢又有限，資金不足

時，就必須要借錢。借錢可不是件很容易的事，需要勇氣和技巧。創業時期，你最應該考慮的是怎樣借到錢。別害怕，只要利用你的聰明才智保證良好的信譽，就大有成功的可能。

借錢投資本是一種風險較高的投資模式，也是一種最容易被誤用的理財模式。理論上適合借錢投資的投資者應該收入較高，擁有穩定的現金流去支付所需利息，本身具備較高的投資風險承受能力。

但是事實上具備了上述條件的那些人通常想不到借錢投資，也用不著借錢投資，往往正是收入較低、現金流緊缺的最不適合的人，最容易被這種藉雞生蛋的美夢所打動，夢醒時分你就會體驗「負資產」的含意。在成熟市場中大多數的金融產品和理財模式本身無可厚非，關鍵在是否適合投資者的具體情況，同一帖藥，對症適量才能治病，否則可能會出人命。

打理自己比打理錢包賺得快

對一個收入總是少於支出的職場新人們來說，只有投資自己，才能夠把自己從「草莓」變「荔枝」——越活越勇敢，越活越享受。

某著名公司又一起年輕員工自殺事件一度被媒體炒得沸沸揚揚。傳聞說：第一個自殺的是曾留學海外的IT精英，因為炒股失敗，欠下鉅額債務，受到嚴重打擊不能承受，才選擇結束生命。

典型的草莓人種——外表光鮮，內心軟弱！

只是因為理財失敗而放棄生命，太不值得。雖然阿陽也曾遠在英國求學，看到自己的同齡人這樣，他也不禁扼腕。阿陽自己從草莓變成內心有料、外殼強韌的荔枝的經歷希望能與現在理財困境中的人們共勉。

理財心得一：不為小利誤前途

阿陽二十歲出頭就到英國留學。剛開始上學的時候，他不知道上哪裡找，又怕耽誤

學業。所以他一心學習，勤奮努力，這個在後來給他帶來很大的好處，他因此得到給導師打工的機會，薪水是25英鎊／小時——比最低薪水高出5倍。

可見，理財的首要還是要投資自己，不要因為賺一點蠅頭小利而耽誤了前途。

理財心得二：兼職也要顧前途

阿陽畢業了，找到一份很好的工作。但由於平時工作清閒，因此他打算再找一份兼職。

想來想去，就算是兼職，也不能隨便處理，他認為還是應該尋找和自己所學習科系以及現有工作相關的事情來做。果然，這些兼職幫助他更好地瞭解所從事的工作，增強了對知識運用的能力，對他以後的發展起了莫大的作用。

如果當時阿陽單純為了充實自己的錢包，隨便找份兼職工作，忙著和本職毫不相關的事情，當時焦頭爛額不說，以後，也不可能獲得更大的職業發展空間。

理財心得三：充電是必須的，哪怕只是因為興趣

業餘若有時間，與其浪費在娛樂上，不如學一些有用的或者自己感興趣的東西。

阿陽是個攝影愛好者，工作兼職的剩餘時間，便去學了學專業攝影。休假之時，走走拍拍，累積了許多美麗的照片，挑選幾張寄給國內的攝影雜誌，竟然中選，然後一發不可收拾，名利雙收。

有人說：「一個人下班後的四小時，就決定了他人生的發展、成就和命運。」有人下班以後去鍛鍊身體，有人下班以後去學習新技能，有人下班以後仍然為生活奔波忙碌，而有的人，娛樂或者只是看一晚電視。很明顯，他們的未來一定是不同的。在人生發展上，投資什麼都不如投資自己。

投資不可不知的十條基本策略

有規距才成方圓，投資也一樣，也許每個人都有自己的一套算盤。但有些必須的策略，你還是應該知道的。比如：

1、知己知彼

投資者需要瞭解自己的性格，如容易衝動或情緒化傾向嚴重的人並不適合股票投資，成功的投資者能夠控制自己的情緒，能夠有效地約束自己。

2、以閒餘資金投資

如果投資者以維持家庭生活的開支費用來投資，一旦虧損，將直接影響家庭生計。而且拿一筆不該用來投資的錢投資，心理上負擔過重，決策時便難以保持客觀、冷靜，容易失誤。

3、正視市場、摒除幻想

不要感情用事，過分憧憬將來或者始終沉溺於過去。一個充滿希望的人是快樂的，但他並不適合做投資家，一位成功的投資者是可以分開他的感情和交易的，因為他明白市場永遠是對的，錯的總是自己。

4、過量交易是危險的

要成為成功投資者，其中一項原則是隨時保持三倍以上的資金以應付價位的波動。假如你的資金不充足，應減少投資種類，否則，就可能因資金不足而被迫「斬倉」以騰出資金來，縱然後來證明眼光準確亦無濟於事。

5、謹慎對待他人意見

當你把握了市場的方向而有了基本的決定時，不要因別人的影響而輕易改變決定。也就是說，別人的意見只能做為參考，自己的意見才是最終的決定。

6、忌盲目

成功的投資者不會盲目跟從別人。當人們都認為應買入時，他們會伺機而出。當大家都處於同一投資位置，尤其是那些小投資者亦都紛紛跟進時，成功的投資者會感到危險而改變路線。

7、忘記過去的價位

一般說來，見過高價之後，一旦市場回跌，心理出現落差難免不能適應。當時縱然市場投資氣氛十分惡劣，有些投資者在這些新低價位水準前，非但不會出貨，還會覺得很「低」產生買入的衝動，結果理所當然地被套住。因此，投資者應當「忘記過去的價位」。

8、堅持當機立斷

投資者失敗的心理因素很多，但最常見的情形是：投資者面對損失，亦知道已不能心存僥倖時，卻往往因為猶豫不決，未能當機立斷，因而愈陷愈深，使損失增加。

9、設好止損點

這是一項極其重要的投資技巧。由於投資市場風險很高，為了避免萬一投資失誤而帶來的損失，每一次買賣時，我們都應該設定止損點，即當價格跌至某個預定的價位，還可能下跌時，就立即交易結清，控制損失的進一步擴大。

10、因勢利導，發揮優點

投資不是簡單的機械運動，因為投資者是人，人是有思想、有感情的。人可以思考，有自己獨特的個性。何況投資市場中什麼樣的人都有，有男有女，有老有少，有知識分子，也有純實戰派。因此，根本不存在一套統一的投資法則，最重要的是結合自身優點進行投資。

無論你的性格怎樣，知識水準如何，你都具有優點。只要你能發掘這些優點，並把它用到投資上，你就有機會踏上成功之路。

你可以投資股票嗎？

佳琪2006年入市，趁著東風賺了不小的一筆，但自從去年股市陷入低迷後，原本得意飛揚的她開始變得萬分焦慮，每一次交易之前，她都要思前想後。交易失敗，總要長嘆自己沒找到最好的時機。晚上則是輾轉反側，要折騰好幾個小時，熬到凌晨四、五點才能入睡，給自己和老公帶來了不小的壓力。

大夫說這是典型的炒股綜合症，遇到這種情況，請盡量減少在晚上做決定的次數。只要保證好每晚的睡眠，第二天你對股市變化的承受力，就會相對增大很多。

「要是虧了，我可怎麼辦？這可是我十多年的積蓄呀！我還要用這些錢換間大房子住呢！」這是馬太太最近重複最多的一句話。今年五十歲的馬太太雖然對股票一竅不通，卻對小道消息頗感興趣。最近，她就從姐妹那裡打聽到內幕消息，說買一支新上市的股票穩賺，於是拿出八十萬私房錢全押在買股票上，買下後她又開始擔心下跌。為此，整日心裡焦慮不安，整夜地失眠，原本厚密的頭髮也掉了一半。

過來人都知道，這是股市急性焦慮症，最好心態放平和，出外遊玩放鬆心情可以調適當。最根本的辦法就是撤出投資不再炒股。因為像馬太太這樣性格的人，不適合股市，即使短期賺了，也不會有長期效益。那麼什麼樣的人適合股市呢？

炒股這東西，一半靠經驗，一半靠運氣。所謂運氣，是指人生命運裡特有的機緣，其實更準確的說是性格。如果想進入股市衝殺，那麼就要做好如下的準備。

首先，要有良好的心態。資金運作的結果，收益與風險成正比，風險意識樹立起來，有「賠」的心理準備，一旦發生風險，心理防線才不至於崩潰。

第二則要控制情緒。投資理財的獲利原則非常簡單，就是低吸高拋，在世界範圍內，個人投資者在股市中獲利的不到百分之十，其中最大的影響，就是情緒在影響投資決定。最後，要有恆心，能夠堅持自己的決定。茫茫股海中，股民由於被過多的資訊和機會包圍，很容易把持不定，總是對自己手中持有股票的自信心不足。其實，只要稍微保持距離，遠離流言，按照自己既定的投資路線走下去，獲得豐厚的收益的機率就會大增。如果能夠具備以上幾點，則可以投入股海，一試身手。

而一些人則最好遠離股市，像馬太太這樣，在進入市場之前，從沒有想過自己是否適合炒股。大部分想要或者剛剛進入市場的股友，進入市場都是看到市場帶來的快速賺錢效應，而忽略了風險防範。看到的都是誰賺了多少，而那些鉅額虧損的實例卻不去探尋，這都是因貪心所致。

總而言之，真正適合炒股，並能在市場中長久生存的人，大部分都是具有很強的邏輯推理思維，心態穩定，接受能力強，逆境中的應變能力強，行事果斷不拖泥帶水，思維獨立有見解，從不人云亦云的隨風倒。

股市中的成功者，很大一部分都是理工科出身，在學校期間，他們就已經奠定了邏輯推理能力，相對非常理性。而文科出身的人，其推理能力相對就很差，由於所受的教育和後期的薰陶，思維上相對過於感性。其表現剛好與前一種類型的人相反。

當然這都是相對而不是絕對的，很多人雖然是文科出身，但其在孩童時期就已經具備前一種人所具備的思維，後期的學習並沒有把他們以前已經形成的思維模式改變。或者所學文科科目本身就具有邏輯推理性，比如心理學和哲學。總之，理性的邏輯思維能力對炒股的人來說是必不可少的。

患「股市綜合症」人群明顯增多的趨勢，是由於很多股民本身並不懂得股市投資，只是抱著「別人賺錢，我也能賺」的從眾心理而盲目入市，從股市市場整體來看，普遍

心態不成熟，投機傾向偏重，所以抱著從眾心態的人最好不要碰股票，因為很有可能血本無歸。

總體說來有幾類人不適宜炒股。

虛榮心強且敏感的人，如家庭主婦和休無薪假員工，這種人往往很內向，如遇到大跌易產生心理障礙；這種人盡量不要碰股票，因為結果往往是讓生活雪上加霜。

性格急躁的人不要玩股票。因為這類人多毛毛躁躁、風風火火的，辦事總想一步登天。就是在等電梯時，當看到電梯沒到，可能還會不停地去按開關！這樣的人做波段短線，當大盤看好時，短線追入熱門股，大盤趨弱時，最好也就離場休息，以免由於毛躁而踏進莊家設下的陷阱裡。

平時做事輕率的人，也不適合碰股票。這種人時常遇到事情就不管不顧，先做了再說，帶有憑感覺的意思。這樣的人最好把雞蛋少放到股市這個竹籃子來，若真想藉雞生蛋，每放一個蛋就盯好，別疏忽大意打破了。或者乾脆找個有經驗、穩重的經紀人來代理理財。

樂觀豁達的人往往也會吃虧。他們常喜歡這樣一句話：「即使是天塌下來了也不

怕，還有比我高的人撐著！」此型股民只宜做多頭市場，漲多高都敢追，在牛市中賺錢最多了，特別是樂觀的新股民，但是遇到空頭市場常會越跌越買，越套越深！建議當發覺行情與估計中的不一樣，用同樣的方法連錯兩次時就該停手，別犯第三次了！

多愁善感嚴重型的人為了自己和他人的健康還是遠離股票吧！他們一半要是晚上看不到月亮了，會擔心明天下雨而睡不覺；進了電梯一輕微地震動，會擔心鋼絲斷了而失色！此型股民是「此情無計可消除，才下眉頭卻上心頭！」即使買了股票後最好是放著別看，讓別人代看，別老想自己的股票現在是多少錢！找點其他娛樂項目多好。

每個人皆有性情，而不同的人有著不同的個性，由此形成多樣的為人之道與處事風格；股票亦有股性，股價是所有參與者的買賣合力的結果，參與者的個性在不同程度上影響了股票買賣的行為，由此從某種程度上，亦使股票形成不同的股性！所以「人性」與「股性」便有著息息相關的聯繫！

房地產投資，財富保值增值的好選擇

幸福一輩子需要的第三張紙——畢業證書、結婚證書、房地產地契。哪個難度最高，不是畢業證書，也不是結婚證書，而是土地所有權狀！

儲蓄、基金、股票、證券什麼投資最高效。所謂的高風險、高報酬說的便是房地產投資。在眾多投資商品中，房地產無疑是最特殊的一個部分。雖然目前房地產市場處於調整過程中，但是也不要對房地產失去了信心，因為它的潛力依舊無窮，只不過投資房地產需要更加注重投資策略。大家看看崇智先生的房地產投資路吧！

崇智學生時代就善於理財，大學畢業後，他透過調整，改變了自己前幾年的投資策略，獲得意想不到的收穫。所有投資中，最讓他感到滿意的還是在房地產方面的投資。

他覺得在房地產投資方面自己屬於後知後覺型。當人們熱衷房地產投資時，他的注意力還放在股市上。直到前幾天，他去一個曾經可以說得上是清貧的朋友家做客，才認識到房地產投資對理財的影響如此巨大。投資房地產多年的朋友那時已住上了別墅，過著富足的生活。

與其臨淵羨魚，不如退而結網。崇智選中地點，找到一個兩居室、兩個房間可分開單獨出租，月租金收入十分可觀，崇智沒有猶豫，當即拍板買了下來。

過兩年，他憑藉多年做投資積攢的敏銳，對外界不利消息不予理會，繼續跟進。隨後，他又在大都市近郊各處尋找投資目標。他對向他請教的朋友說：「我不完全利用金融工具，而是給自己留有餘地，因為我每投資一間房地產，總會讓月租來填補我的房貸，這樣我不存在資金中斷的風險，因此只要月租水準不下降，我的投資還是有前景的。」

幾年過去了，崇智已經投資了五間小戶型住宅，雖然每月還款不少，但這些都不會成為負擔，而且隨著房價上漲，租金收入除了還款甚至還有結餘。

崇智準備長期持有這些房地產，用以養老。他對自己將來的生活很有信心，開玩笑說：「即使我退休完全沒有退休金，光靠這四間房地產的租金也能生活得很好。」

很多人都羨慕崇智，他的投資歷程可以看出來，他不僅有膽量、有眼光，更可見他抓住了時機。那麼何時開始投資房地產最有利呢？

很多行家對房地產市場的長期走勢還是很看好。雖然目前房地產市場已進入調整階

段，但是根據整個國家的經濟走勢來看，長期還是看漲的。因為現在房地產市場價格回落，是因為前一段時間上漲過快，短期內回調在情理之中。不過從長期來看，房價還是要上漲的。崇智這種做了多年房地產投資的人更看好房地產，他說：「看好房地產二十年。」

房地產投資不是投機。因此對於投資者來說，投資房地產要堅持長期持有，不要輕易放棄。須知，使資產保值增值才是理性的投資行為，我們看到，房價的趨勢是長期穩步增長，因此，長期持有才是「硬道理」。

其實投資房地產的技巧有很多，不過最主要的是兩大原則。一是不要盲目貪大，不要貪心。二就是要注重往外租售，藉機收益。

前段時間，一些房地產公司，就因為無法即時售出手中的房地產，而致使資金吃緊，出現「斷供」現象。目前房地產投資者都藉助了金融工具，向銀行申請抵押貸款。銀行的貸款等工具促進了投資，但同時也放大了風險。如果在投資房地產時，因為貪大而導致資金壓力過大，一旦市場情況出現變化，就會讓準備不足的人手忙腳亂，甚至血本無歸。

投資房地產風險大、收益高，但是同時很明顯的特點就是成本高，所以在整個投資

組合中，房地產的比重不要超過八成，一般五、六成最合適，因為房地產存在不利於變現的特點，很多時候會影響資金。

還有一點就是在投資時，要尋找實用性強的房地產，而不要一門心思盯在建築品味上。因此投資者可以選擇那些交通便利、商業配套成熟區域的小戶型來做為投資首選。崇智的做法其實就非常講究實用性。他在選擇時，並沒有把房地產的建築品味放在第一位，而是考慮出租和出售的便利性。

崇智的前期資金總數，完全可以選擇投資核心地段的高檔公寓，但是他卻只看重交通樞紐末端的中、低價位公寓，不過從兩者在租賃市場的現狀來看，月租金接近五萬元的高檔公寓不如小坪數住宅搶手。再者，小戶型房屋一直是二手屋市場上的「寵兒」，綜合這些原因，他覺得在這片市場上下手，會收益更高。

投資哪一種房地產最賺錢

投資房地產確實利大於弊，但是並不是所有投資房地產的人都會有收益，因為投資類型也決定了投資的效益。那麼選擇哪種房地產投資收益更多呢？其實任何投資類型都沒有百分之百純賺的，互有利弊，利弊誰大這就要看個人手裡的資金厚度以及投資的時機。總而言之，房地產主要有以下幾個類型。

如今最熱的要屬社區型住宅。它的優點是戶型比較前衛，房地產品質較好，房地產新，而且現在購屋基本都帶裝修，精裝後的房子比較好出手。但缺點是：房屋管理水準及費用參差不齊，有些房價偏高，出租的話租金不一定能夠還款。而且投資社區型住宅還要考慮到，房地產的後期出租是否會有利可圖。細算一下扣除每月的房屋管理費、水電費、房地產的每月房貸還款金等等其他費用，真正能收入到自己荷包的錢到底有多少，是不是真的收入大於投入。

而且在投資社區型住宅時，還要考慮開發商的信譽以及後期的發展等等因素。只有真正規避了風險，投資社區型住宅才能獲利。

第二種是房地產底部的公寓、華廈。它的優點是投資額度適中，新興投資形式，商業消費人群穩定，社區環境好，報酬高。缺點則是如果退出則損失極大，具有房地產風險和商業風險雙重風險。

大樓一樓商鋪也是一種比較好的投資方式。購買成本適中，再加上經營的商業服務，正好符合這周邊住戶的要求，客源穩定，收入自然不成問題。但投資時要承擔房地產風險和商業風險雙重風險。一旦經營不善，出手轉賣，原有的裝修、櫃檯等投入就很難收回了。

而在戶型上，也有講究。

例如若投資大戶型，就要考慮它的利弊。它的優點是房子大、戶型好，房地產品質較好，房地產新。而不足則是房屋管理費相對較高，價位偏高，如果是預售屋有一定風險。所以在投資大戶型社區型住宅要考慮到，房地產的後期出租是否會有利可圖。細算一下扣除每月的房屋管理費、家具的折舊費等等需要戶主支付的費用後，是否真的有盈利。

如果是小戶型，它的優勢則是總價低，頭期款低，每月房貸還款金較少，符合白領人士的需求，是目前市場熱點。但缺點則是單價高，戶型設計相對不合理，一層多戶居

住不便，公共設施較少。

例如一個好位置、好戶型、環境不錯的小戶型，租金其實並不低，那麼這個報酬率相對較高。同時，對於自住用屋，小戶型只是過渡性產品，若干年後，有了更大、更舒適的房子後，小戶型可租可售，「滾動置業」不失一個美好的辦法。但是，小戶型也存在著一些問題。有些小戶型設計還不是很成熟，賣得好不見得住得舒服。面積小，致使設計上存在不合理之處，主要表現在廚房、衛浴設備格局上等。

綜合所述，對想要透過房地產來投資的人來說，可以選取比較保險妥當的投資方面則是——公寓投資。面對大部分城市房價的「日有所漲」，投資公寓是最為穩妥的。

公寓需求大，購買人群廣，投資價值高。其實，每種房地產都有一定的消費者，但不是所有的房地產種類都有投資價值。從長期投資的角度來說，舉凡過渡性產品，常常是曇花一現。產品具有過渡性，將直接造成客戶群的狹窄，所以投資房地產最好選擇成熟產品。交通便利、配套設施齊全的公寓才應該是投資首選。

在市場安全方面，公寓的需求群體決定了公寓的抗震的功能。購買公寓的人群經濟狀況通常比較好，他們有需求且有能力購買高級房屋，利息的少額增加也不會影響到他們的購屋計畫。

雖然公寓投資收益、報酬相對來說比較穩定，但這並不說明投資公寓就一定會穩賺不賠。公寓所處的地理位置、周邊的配套設施、房屋的具體朝向、裝修等等情況，都會影響到房地產的價值。所以，投資房地產還是需要進行專業的判斷，方可進行投資。

測試：你到底能承擔多少風險

投資市場越是熱火朝天的時刻，投資者越是需要謹慎，需要及早做好準備。風險不會因為市場的火熱就不存在了。所以，每一個投資者都要清醒地認識到風險的存在，並做好積極的準備。我們現在就來做一份測試，看你究竟能有多大的投資風險。

1. **你的年齡**

（1）25歲或以下；（2）26～35歲；（3）36～45歲；（4）46～55歲；（5）56～65歲；（6）66歲或以上。

2. 你的婚姻狀況

（1）單身；（2）已婚；（3）離婚。

3. 你有多少個孩子

（1）沒有；（2）一個；（3）兩個；（4）三個；（5）四個以上。

4. 你的教育程度

（1）小學；（2）中學；（3）專科或高中；（4）大學或以上。

5.若把你所有的流動資產加起來（銀行存款、股票、債券、基金等），減去未來一年內的非定期性開支（例如結婚、買車等），約等於你每月薪金的多少倍？

（1）20倍以上；（2）15.1～20倍；（3）10.1～15倍；
（4）5.1～10倍；（5）2.1～5倍；（6）2倍以下。

6.你估計五年後的收入會較現在增加多少？

（1）50%以上；（2）30.1%～50%；（3）20.1%～30%；
（4）10.1%～20%；（5）0.1%～10%；（6）收入不變或下降。

7.你平均每月的支出佔收入

（1）100%以上；（2）80.1%～100%；（3）60.1%～80%；
（4）40.1%～60%；（5）20.1%～40%；（6）20%以下。

	（1）	（2）	（3）	（4）	（5）	（6）
1	14	8	4	2	0	
2	12	0	6			
3	17	9	4	2	0	
4	0	2	4	6		
5	15	12	9	6	3	
6	18	14	10	5	2	
7	0	2	4	8	12	18

測試答案及分析：

81分或以上：由於你沒有多少財務上的負擔，可以很輕鬆地接受高於一般的風險，可選擇高風險的投資項目以賺取較高的報酬。

61～80分：你只有少量財務上的負擔，能夠接受較高水準的風險，對於比平均風險略高的投資項目均可以接受。

41～60分：你接受風險的能力屬於一般水準，可以接受一般程度的風險。

21～40分：由於你個人負擔較一般人重，故此接受風險的能力亦屬於偏低，不可接受太高風險的投資項目。

20分以下：你接受風險的能力屬於極低水準。因為你有著沉重的負擔，投資組合中應取向低風險型投資項目。

保值性

保守才會有錢花，有保險，才最「保險」

亂世黃金，這四個字足已說明黃金的價值。黃金自古以來，都是貨幣，我們手中無論紙幣還是硬幣，只不過是形式上的替代品。在有一定經濟基礎的時候，我們必須想的就是，怎樣才能更好更穩妥的利用這些錢，而不是讓這些錢處在風雨飄搖，容易被風吹走或者被流失的境地，保險絕對是一種比較好的選擇。

存錢不如買保險？

菲凡是一家外商公司的部門主管，收入較高，家中老人不愁，孩子尚小，但是她已經開始規劃自己的養老計畫了。早在十年前，菲凡就為自己和全家都購買了保險，那個時候的工作雖然薪水不低，但企業沒有福利待遇，更沒有什麼保險。她早早就開始計畫自己給自己養老，保險是她選擇的最好投資理財方式。保險既能有保值升值的作用，也對自己不可預見的未來生活風險有保護網的作用。

女兒一出生，她就為女兒投資了教育和人壽保險。今年女兒剛上國中，就開始按月領取教育基金了。菲凡說，當初給孩子做定期投資時很猶豫，每個月固定的錢是放在銀行裡呢？還是趕潮流買保險呢？她算了一下當時的利率，而且比較瞭解保險的優勢後，決定把錢放在保險公司。現在每個月為孩子的教育也在做定期的基金投資，等孩子上大學，這筆資金就基本和學費持平了。她很得意自己當年的決定，沒有把錢閒置。

「與其把錢放在銀行裡吹冷氣，不如拿出來買保險，既給自己一份保障，也能讓錢增值，何樂而不為呢？」這是保險代理人的專業套詞，但是換個角度想想，確實有它的道理，其實隨著保險業的發展，各種產品的層出不窮，保險已經不簡簡單單是買保障那麼單純了，它可以理財、可以養老、可以最大程度的減少意外傷害，而人們最關注的往往都是理財一項，不知道保險為什麼還能理財，為什麼說存錢不如買保險？其實答案就一句話，買保險其實就是把錢換個地方放一放，就這麼簡單。拿純保障型保險產品為例，比如投資型保險如投資聯結險，不存在保底收益，也與利率週期無關；消費型的重病險，無分紅的壽險、意外險等，這些產品與利率週期變動關係不大。但是儲蓄型保險比如養老險、教育金儲備險均與利率週期密切相關。在利率下行週期，如果沒有任何保障的消費者，首先可考慮購買短期純保障產品，不宜投資長期純保障型保險。

以上是從收益上來比較，回歸到保險的最初功能——保障，就更會發現，把錢放銀行吹冷氣，不如拿出來加熱升溫一下。

例如，有一個人貸款一百萬買了間公寓，還了部分之後，突然身故，家人還不上貸款，銀行會怎麼辦呢？也許，銀行職員會心生憐憫，但是銀行規定不會，它照樣會沒收房地產，其他的不在它們考慮範圍內。那如果一個人用同樣一筆錢買了保險，如果不幸意外身故，保險公司會怎麼做呢？他繳了保費，保險公司就會把擔保數額的錢款送到死者家屬手裡。所以可以說危難之際見真情，保險公司救命，銀行催命。

保險搭配購買法則

隨著人們保險意識的增強，越來越多的人開始青睞於保險投資。但是意外險、養老險、儲蓄險等商品眾多，應該怎麼買呢？要想得到全面切實的保障，保險還得搭配著買。

花錢要花在「刀口」上，大多數家庭收入有限，所以在買保險時不能貪全，應該明確目前最大的風險是什麼，再有針對性的購買。例如一般的小康家庭，醫療保險、意外傷害險、重病險和定期壽險的搭配組合可以做為基本的選擇，而兒童教育保險、終身壽險和養老保險等就要看自己的經濟需求。總而言之，保險的搭配組合，要因人而異。總括而言原則是要兼顧養老、醫療和保障三個方面。

收入較高的群體可以適當投資儲蓄型保險，而且這種保險還可以免稅，大部分保險種類每隔幾年便可返還一筆資金，投資雖大，但返還快，相對負擔較輕，也可抵禦通貨膨脹，最適合目前經濟環境較好但收入不穩定人士投保。這個群體如果是有車族或者是戶外勞動者則應加重自己的意外保險。

如果是人到中年的一家之主，則應該傾向於以保障型的綜合保險為主，特點是五、六十歲前，注重保障。五、六十歲後則是關注養老金給付，身故時均會給付身故金並返還本金。其次是搭配意外險，認為人身意外是最大的安全隱患。

而中年女性，尤其是家庭主婦則應偏重壽險和養老型保險，因為最新統計結果顯示男女壽命的平均差距為在五十年後將達到六歲，再加上結婚年齡的差距，平均每位女性將近有十年寡居生活。所以，女性應該將人壽險集儲蓄、投資、保障於一體。買下一份終身壽險，然後每年繳點錢，不僅屆時可拿回本息，每年還有分紅，本息兼收。

而事業型女性在偏重壽險和養老險之外，也可以從市場上挑選到一些專門針對女性疾病的保險，因為女人的身體說到底還得是靠自己愛護。並且與一般的重大疾病保險相比，這些女性疾病保險的保費要便宜得多。雖然女性險有一定的優勢，但是也不能因此而否認一般重病險的價值。對於有重大疾病保險保障需求，又想盡量節省保費的女性，可以將一般的重大疾病保險和女性疾病險搭配購買。

專門針對婦科疾病的女性疾病保險，去除了很多女性不需要的病種保險，通常比一般的大病保險要便宜。因此，在同樣的保費預算下，將女性重大疾病保險和一般重大疾病保險合理搭配購買，兩者互為補充，不僅比較經濟，而且可以獲得的疾病保障可能更全面、針對性更強。

而無論哪種群體，都要搭配醫療健康保險，因為即使有健康保險，許多救命的自費藥是不在健保範圍內的，而商業保險正好可以彌補這方面的不足。此外，只要是自購屋

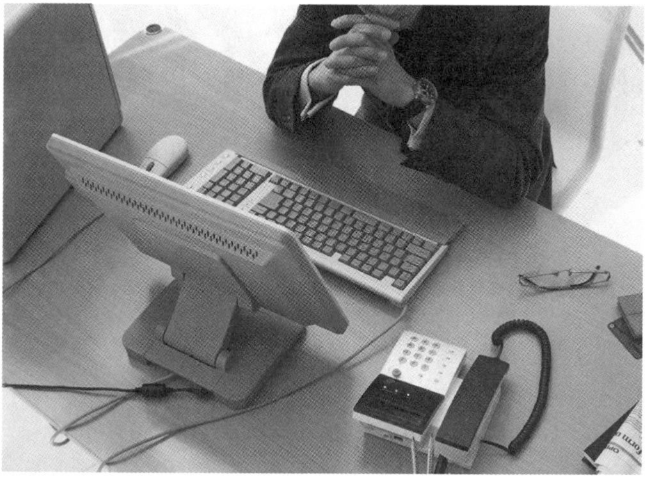

屋，都應當考慮買入火險做自保之用。而且火險費用較低，關鍵時刻也能幫很大忙。

如果不屬於以上人群，則可以參考一種原則就是消費、儲蓄型搭配著買。

保險產品裡，基本分為消費型和儲蓄型兩種。兩者的保額基本一樣，但儲蓄型的保費卻是消費型的幾倍，因為消費型的保險只保障約定期限，到期保費就「花光」了，而儲蓄型可以到期返還。目前大部分人的消費習慣，可能更喜歡到期可以返還本金的保險。不過，一般情況下，還是建議消費型和儲蓄型搭配購買。

在購買主險的同時，同樣保障也可以透過附加

險購買。

一般人在訂下一個主險之後，就以為是購買妥當了，可是卻不知購買附加險也是挑選保險的一大學問。目前，市場上的附加險包括附加意外傷害及醫療險、附加住院醫療險和附加重病險等。很多保險公司的附加險種，費率往往比同樣保障內容的主險產品要便宜三分之一到二分之一。而且有些保險公司的主險產品設計上並沒有涵蓋所有的險種，一些險種反而可以透過附加險的形式銷售。

當然，附加險大多只負責一年，屬於消費型險種。因此附加險也不是什麼人、什麼情況都適合，比如對已經有公司醫療團保的人群而言，大部分都可以不用再買報銷型的商業醫療保險，而應該優先選擇補貼型的醫療保險。

總而言之，家庭保險的主險種不需要很多，資金不宜過於分散，應該本著長遠、經濟、實惠的原則，充分聽取專業人員的建議，您一定可以為自己溫馨的家庭安排好周全的保險計畫。

如何用保險理財

隨著保險商業化的深入，理財工具除了原始的股票、基金、證券、儲蓄，又增添了對投資者很大吸引力——保險理財。那麼根據自己的能力和需求，以最低的成本獲得最大利潤，則是現代人理財的一個重要目標。

為什麼說保險是理財工具呢？首先要澄清一個概念，一般的投資並不等於理財。因為個人理財的結果是轉移和規避風險，而個人投資卻不規避風險。理財原理上，個人理財包括投資活動，所以個人投資活動只是理財的一部分。同時，個人理財則要懂得很多，經濟學、市場學等等，而只是個人投資的話，那要學的東西則相對較少了。

而每個想理財的人想要達到的目標無非是——有效抵禦風險；平衡自己的收支，無論是現在的還是將來的；自豪還能滿足自己的生活品味，讓家庭和樂，物質充足，還可以解決子女的教育費用。

而保險正是一種風險管理工具，是「為無法預料的事情做準備」。有些事情一旦發生，會徹底打亂我們的生活步驟，包括理財計畫。而投入少量資金購買的保險，可以在

意外情況發生時彌補我們的經濟損失，使理財規劃得以順利進行。所以說保險是以小博大，是理財過程中不可獲取的工具。

隨著金融市場的擴大，現在說起「保險理財」已經包含了兩層意思。第一就是利用保險產品的保障功能，意外險、健康險等等來保證理財規劃的進行。第二就是保險本身附帶的理財功能。近年來，國內保險公司研究出很多新產品，可以在保障功能的基礎上，更實現保險資金的增值。相對其他金融產品，因為其風險很低，所以收益總體來說比不上基金、股票，但是勝在穩定。正因為這種穩定性，它特別受那些對金融市場並不熟悉，或者工作繁忙，沒時間打理自己的投資的朋友青睞。

而不同性格的人，一般適合的險種是不同的。善於儲蓄的「蜜蜂族」，一般需要儲

蓄性保險；年輕一些的「月光族」，最需要保障性保險；而善於累積固定資產的「房奴族」一生都在負債，非常需要家庭財產保險加儲蓄性保險；而「被啃族」的父母們一生都在為子女操勞，很需要投資型保險。

那麼，在買保險理財的過程中，要經過哪些步驟呢？

首先，應該澄清買保險時不應該重孩子輕大人。因為從基本上來說，購買保險首先大家考慮的是一個風險的轉移。轉移風險是家庭理財一個非常重要的工具，那麼轉移風險就要看誰的風險最大。孩子固然是重要的，但保險理財表現的是對家庭財務風險的規避。發生意外大人對家庭的損失影響會遠遠大於孩子。所以保險理財的時候，首先應該考慮的是大人。

其次就是選擇合適保險公司，選擇保險公司是非常關鍵的，尤其是人壽保險，人壽保險相當於把自己的一生託付給這家公司，那麼對這個公司的相關情況一定要有個瞭解。

整個公司的規模和產品框架是否能夠滿足未來生活和發展的需求，尤其是很多事業型的人士、商務人士，他們經常在各地往來，那麼他們所選擇的保險公司應該是機構遍及全國，甚至遍及全世界的狀態。另外還要看一下這家保險公司的資產狀態，這個資產

狀態和信用，這些方面透過一些媒體，透過一般的資料可以得到。而產品的好與壞，則可以透過保險經紀人或者保險代理人進行介紹和瞭解。

第三，在簽保險合約時要注意細節條款。因為保險的項目很複雜，項目條款很多，如果購買一些長期的壽險保單，通常都有一個冷靜期。冷靜期相當於一個觀察期，在這個冷靜期之內你可以退保，可以反悔。那麼大概有八天到十五天不等。如果這個產品是一個中、短期的產品它可能沒有冷靜期，在看保單時主要看三項：保險責任、除外責任和拒絕條款，明確哪些情況下是不賠的。

生活中，還存在一些錯誤觀念，有的人道聽途說的以為：透過買保險可以發大財，以為分紅保險等投資類保險的報酬率很高。甚至有的人認為保險的報酬率會達到10％。但實際情況並不是這樣的。分紅型保險本身是一個很好的險種，有一定的理財功能，但並不是說分紅保險就一定能保證年年都會有很好的分紅。道理很簡單，任何一個行業它的平均投資報酬率都是受整體的大環境影響，所以說如果消費者期望透過購買某種類型的分紅保險來獲得那種所謂的高報酬的話，建議能夠更理性的分析一下。

一般情況下，投資類保險所特有的投資和分紅只是附帶功能，而且投資的收益和風險需要保險公司和投保人共同承擔。而且保險產品的主要功能還是保險保障，如果在購

買保險的過程中遇到只強調收益的保險行銷人員，那就是明顯的誤導了。

在新的金融市場中，保險做為理財工具還有貸款的功能。當臨時急需用錢的時候，不必退掉保險，因為那樣會損失高額的手續費，一般情況下，利用保單的借款功能，就能得到保單質押貸款，以解燃眉之急。保險抵押貸款有兩種方式，一種就是客戶憑著你持有的有效的保險單向保險公司申請借款，這是一種方式，另外一種方式就是客戶可以憑著你持有的有效保險單，把它做為一個有價證券，向銀行申請抵押貸款。

總而言之，保險是一個家庭的財務計畫，因為未來的風險是不確定的，把未來不確定的現象現在確定化，透過買保險的方式給予安排，這種安排本身就是一種理財，所以透過保險來理財，一舉兩得。

從「養兒防老」到「保險防老」

自從保險，尤其是壽險進入國內，「保險防老」一詞便被反覆抬上明面來。計畫生育以後，尤其是第一批計畫生育的七年級生逐漸成為家庭中間階級，現在很多家庭都是「124」模式，一個孩子，兩個大人，四個老人，這讓處在夾心層的中年人有了上氣不接下氣的感覺。而這種家庭要面臨很多問題，往下看是子女教育，往上看則是養老問題。子女教育可以從孩子小時候開始籌劃，但是因為老一輩一般養老保險都不齊全，發揮作用不大，所以家庭養老是中年人要承擔的主要壓力之一。

現在社會，養老，靠誰來養？有人說靠孩子，有人說靠房子，還有人說靠自己。今天養老的PK臺上，誰是王者？實踐證明最好的答案是：保險。

戴先生結束自己九年的留學生活回國發展。如今，完婚的戴先生夫婦都是業內較為成功的專業會計師，兩人年收入不菲。但去年七月，戴先生的母親突然得了腫瘤，讓他有些措手不及，第一筆資金傾囊而出，老人仍未康復。雖然這次算不上是嚴重的經濟危機，但多少讓戴先生感覺到壓力驟增。

「養兒防老」總是老人一貫的想法，而他們又沒有任何保險，老人身體機能退化，免不了生病。母親的去世，使戴先生驚醒。現在父親身體也不好，常常不舒服，戴先生覺得自己喘不過氣來，只能拼命地去賺錢。看著父親逐漸蒼老，不是不孝順，而是上下夾著，感覺壓力越來越大。他說：「專業會計師行業相當於圍城，城外的人很羨慕，認為專業會計師收入很高，但是城內的人都知道，做這行太忙太辛苦。」

兩口子平時生活都很省，除了給孩子買的玩具用品多點外，一年用在自己身上的錢很少。

獨生子女時代，像戴先生這樣人到中年，「夾心層」的壓力陡增，尤其是養老，對沒有保險的父母來說，養老的壓力完全在了自己的身上。且不說「養兒防老」的念頭，光是贍養老人的責任就會讓很多人喘不過氣。而父輩依靠的退休金，目前也存在一些問題。社保還有很大缺口，而且有些公司還延遲退休，這會給很多老年人和他們的家庭帶來了困擾。並且隨著通貨膨脹，養老金也逐漸貶值，這讓沒有保險的老年人更加捉襟見肘。因此，傳統的養老觀念在新時代下行不通的，而且現在不行動便意味著未來陷入貧困。為了避免自己的孩子將來重走自己的「老路」，兩口子開始購買養老保險，把將來的退休生活安排好，而不再把壓力轉嫁給孩子。

而從目前的理財產品來看，比較適合做為養老規劃方法是購買商業養老保險。社保有其好處，但是也有它的不完善一面。

現在的保險市場，除了一些投連險，一些關於養老的保險目前都有養老功能的保險產品都有保底功能，所以說，買它們的風險較低。其中，以儲蓄型的年金險最多，它的特點就是可以將上班年間的薪水直接轉到養老帳戶上，透過增值讓退休後可以享受到每月都「領薪水」的待遇，例如每個月固定投入一定數額，十五或者二十年後，透過投資的複利效應可以得到經濟的補償。同時，一些公司的產品還附帶分紅功能，可以在好年景的時候分享到額外的投資收益。

最近幾年，萬能險和投資連結險也逐漸被人看好。相較固定收益產品、分紅險，萬

能險有投資靈活、投資管道多的優勢，但是收益是跟風險成正比。投連險比較等同於投資基金，風險最高，而且沒有保底收益，如果覺得自己能夠承擔風險，可以選擇投連險。

人們的生活水準越來越高，也有很多人擔憂長壽的風險，其實同時也存在著早逝的風險。長壽的不少見，英年早逝的也不少見，尤其是對家庭有中流砥柱作用的主要收入者，他們的意外去世對家庭的影響無異於滅頂之災。因此，在為自己規劃好養老保險的同時，購買適量的意外險、壽險，也可以有對沖風險的作用。另外，為了免去年老時的醫療費用風險，也可以購買一些健康險。

隨時修補你的財產保險漏洞

相信很多人都有這樣的經驗：雖然購買了保險，然而真正需要理賠的時候，卻被告知不在投保範圍之內，很多時候會出現買完保險卻得不到理賠等情況，為什麼會發生這種事呢？就要從自己的保單上面找原因了。

于先生開了一家服裝廠，因為銷路逐漸擴大，開拓了海外生意，新增了員工，所以買進了一批縫紉機。幾個月以後，廠房突發火災，部分新買的縫紉機被大火燒毀了。于先生找出自己的財產保險單向保險公司申請索賠，誰知保險公司卻拒絕理賠，他們稱燒毀的縫紉機屬於新購置產品，並未入帳，保單上並不包括這些新添的財產，因此不屬於投保範圍內。

于先生的事件就是個很大的教訓，像于先生這樣，買了財險，卻沒買全的生意人不在少數。到最後財產受了損失只能吃啞巴虧。一般企業投保財產保險時，是根據帳面資產原值計算保額。但是現在一些企業，帳面資產往往與實際資產相差很大，一家帳面資

產只有幾百萬的小型企業，實際資產可能有幾千萬。所以如果企業主僅根據帳面資產投保，那麼大量的帳外資產出現險情時保險公司是不會理賠的。

因此像于先生這樣的企業主在投保時一定要先摸清自己的家底，除了為帳面資產投保外，還要為帳外資產，甚至價值在500元以下的，諸如信封、紙、筆等不入帳的低消耗品投保。當企業生產規模擴大、資產增加時，要即時為新增的資產投保，並且增加保額，以免出險時像于老闆這樣不得不自己承擔損失。

一家物流公司為自己倉庫中的庫存貨物投保了兩千萬保額。恰逢雨季，連降暴雨導致倉庫進水，一部分貨物受潮，損失總計約一千五百萬。公司以為投保了兩千萬的保額，這一千五百萬的損失應可獲得全部賠償。誰知道保險公司以按比例理賠為由，認為該公司全部庫存貨物價值七千五百萬，一千五百萬的損失佔20％，故僅理賠兩千萬的20％，共計四百萬。其餘損失由該公司自行承擔。

先不要罵保險公司不講道理，因為保險公司的這種做法是完全合理符合法律依據的。企業財產保險中實行的確實是按比例理賠的原則，就是說由於出險時實際財產總值大於投保時的保額而帶來的損失差值部分應該由客戶自己承擔。為了避免這種損失，物流、倉儲公司庫存貨物流動性強、變化量大，投保時應盡量按年度最大庫存量計算保額，以免出險時發生這家物流公司這樣的理賠不足的情況。尤其是一些受季節性因素影響較大的公司，就應當按照旺季時的最大庫存貨物量計算保額，千萬不要為了少繳一點保費而低估了庫存，等到需要理賠時又後悔莫及。

企業主在打理自己企業時需要注意消滅財險漏洞，盡可能的活動賠償。家庭保險也不例外。

首先，在投保時要看清保險合約中的保險責任範圍和保險財產範圍，不屬於保險責任範圍內的，出險後保險公司不賠，不屬於保險財產範圍內的，保險公司不賠，例如火源本身不賠。

一般情況下，保險公司在接到客戶申請後，會根據家庭財產受損的各種原因決定理賠內容。以下兩種情況保險公司是不賠的，一是對事故原因舉證不明不賠，二是外來原因造成的損失不賠。許多投保客戶往往因為對這些不瞭解，而在理賠時與保險公司發生糾紛，因此在投保之前就一定要弄清楚。投保客戶不要因為條款太多就一掠而過，根本不仔細分析自己簽的投保合約到底是什麼，想要最低限度的減少自己的損失，就一定要做到弄清楚自己的保單，有針對性的對自己需要投保的地方投保。

應該避免的保險種類

市場上，保險的種類讓人眼花撩亂，這險、那險怎麼看都好，但是什麼該買，什麼應該避免，許多人卻是一頭霧水。其實，購買商品最簡單的原則就是需要用什麼便買什麼，而保險卻是一種在不需要的時候購買，那麼，如何才能夠保證日後要用的時候，保險能夠在最大限度上滿足我們的要求呢？所以，在挑選險種的時候應該遵守下面兩個原則。

首先是量力而行。保額必須是根據自己的經濟收入狀況，確定適當的保險金額。一般來講，壽險的保額大概是一個人的年收入的三倍左右，而意外保險的保額最好為一個人的年收入的十倍左右。

其次就是要對症下藥。在選擇保險之前，必須先瞭解自己的需求，而且還要有針對性。保險的目的不同，不同的人有不同的需求，在險種的選擇上要受年齡、性別等各方面的制約和影響。只有在你確定了相對的需求後，方可選擇相適應的保險種類。下面就舉幾個例子。

購買財產保險時首先要明白自己需要多少保險，應當先清點家中的物品，包括家具、電器、衣物及其他財產，標準保單不承保任何貴重的收藏品，應將其估價後另外列入個人財產附約中。列出每項物品的購買費用和重置成本，最好附上購買時的收據，以便申請理賠時隨時可用。

應該避免短期保險。短期保險是有賣的，但是費用很高，所以應盡量避免買這種保險，例如購買航空平安險並不是一種有經濟效益的方法，因為根據統計數字，飛機失事的機率非常小。

再一個應該清楚，人壽保險的受益人通常是你的親人而不是自己。所以買人壽險時，首先要考慮的是你的子女、父母等。假如是單身還沒有下一代，就不需要人壽保險。除非是打算利用保險來降低遺產稅。所以在決定保額時，應該考慮家人的生活水準，若沒有必要完全負擔家人的生活費用，那就可以少買保險了，另外還要考慮自己可能累積的財產，通貨膨脹率及其他投資報酬率等因素。假如親人將部分的保險給付用來投資股票，則所需的保險金額就較少。

在買車險時也有些小訣竅，雖然各汽車保險的條款相同，但保費卻不盡相同，決定投保金額後，比較不同保險公司的保單，也許可以省下很大比例的保費。此外建議不需要為老車投保碰撞險。考慮自己的車是否值得修理，並比較碰撞險的費用，修車的費用及事故發生的機率，也許可以將一些項目從保單中去掉。當然，如果你放棄碰撞險，只保火災、竊盜及第三者惡意破壞，保費標準會提高，因此只能省下部分的碰撞險保費。另外，許多保險公司會舉辦汽車安全講座，參加講座的購買人還可以降低保費，所以應當多研究、多比較。

對於老人，在購買保險時應該怎樣取捨呢？市場上的老年險，主要分為三類，一類醫療保險；另一類是意外傷害保險；第三類是壽險。老年人在選擇保險產品以前，首先應該確定該著重於解決哪方面的問題，是意外風險、生病醫藥費，還是安度晚年的養老費。

老年人屬於弱勢群體，患病的可能性比其他年齡層的人大得多。在國家保險體系不夠完善的情況下，需要透過商業醫療保險來尋求更全面的健康保障。因此老年人在考慮購買保險時首先需要考慮的應該是醫療保險。此外，老年人群遭受意外傷害的機率要高於其他群體，特別是意外跌傷、交通事故等對老年人的傷害更加嚴重。因此意外傷害保險應該也做為老年人購買保險的重要選擇。

而對於壽險，老年一般就不需要購買了。壽險其實包括死亡險、生存險和生死合

險，不包括健康險。老年人絕大多數已經退休，一般也不需要再為兒女、父母負擔，償還房貸的可能性也很小，所以也不需要死亡險的保障。至於生存險，應該是年輕時買，老時享用。所以老人購買保險時，應該避免購買壽險。

許多有工作又尚未成家的單身貴族，在經濟能力較有限的情況，也在打算為自己購買一份基本的保障。因為單身貴族的工作環境單純、危險性低，因此可以考慮以終身壽險或是定期壽險搭配醫療險、癌症險以及意外險等。若是要準備創業或者是購屋，則可以考慮購買繳費期滿一次領回的儲蓄險。若是家族有遺傳重大疾病者，應考慮購買重大疾病險。如果自身不寬裕，則應該避免高額的終身壽險，應該選取較低廉的定期壽險。再搭配足夠的醫療險、癌症險及意外險。先讓自己擁有基本的保障，慢慢累積，等到資金足夠時再依當時自己的需求加強保障。

旅遊投保小訣竅

出外遊玩圖的就是一個樂字，而最掃興的莫過於意外傷害。所以，在旅遊之前，準備一份保障，則可安心出行。平平安安歸來最好，萬一有個意外，有保險公司買單，也不影響自己的財務規劃。那麼，出去玩該買什麼險呢？

自助旅行畢竟還是少數，一般旅行者都是跟著旅行團，那麼在跟團旅遊之前責任險、意外險都是必備的。一般跟團旅遊的團費中都包括一項旅行社責任險的支出。許多人都有誤解，以為投保旅行社責任險就足以應付旅行中的意外情況。事實上，旅遊責任險只是規定旅行社一定要承保的保險，這只為因旅行社自己的疏忽或過失所需承擔的經濟責任買單，如果遊客本人發生了意外事故則不在承保範圍內，旅行社是不會承擔的。比如，遊客因失足跌落山下身亡，以此產生的各種理賠費用，均不在旅行社理賠的承擔範圍內。

因為旅行社責任險是強制險種，所以遊客在簽訂旅行合約時，應該先確認旅行社是否為自己保了該保的保險。而其他針對個人意外的補充險種，可以根據需要加以選擇。

不要迷迷糊糊的就上了車，等到出了意外才想起來保險的事。

許多家庭喜歡自助旅行。那麼在旅行開始前，最好給自己補一份意外險。因為在自助旅行過程中，出現意外的可能性更大。目前，市場上的意外險包括長期和短期兩種。長期意外險主要針對一年中客戶可能出現的交通意外方面的問題保障，對已經購買長期意外險的遊客來說，其基本保障可以涵蓋旅遊途中出現的意外情況，無需另外為某次旅遊專門購買短期意外險。

如果是全家駕車出遊，則要根據路況、車況購買保險。開車遊玩應該是不少人理想的度假方式。不過，路途上的風險都得自己承擔。出行前，最好給自己和車輛的安全購買合適的保險。

如果是出國旅遊，情況則要特殊一些，考慮的也要更周全些。與國內旅遊市場的情況相比，一些國家要求必須承保一定要求的保險才可以入境。比如，去歐盟國家，辦理申請國家簽證需要購買保額不低於三萬歐元，而且必須是具有境外救援功能的意外醫療保險。

許多外資保險公司看準了國外旅遊的保險市場，相繼推出了國外旅遊的意外險附加醫療保險產品。而購買這些產品之前，首先要注意是否滿足所去國家的保險保額限制和是否有境外救援功能。事實上，一般針對國外的旅遊保險基本都滿足這一條件，只是在境外救援的廣度上有所差異。而除了歐盟國家，去美洲、澳洲並不存在保額限制的要求。此外，遊客還需要明確自己購買的保險所提供的是「提前墊付」還是「事後報銷」。

出國旅遊，醫療與救援最重要。除了意外和醫療保障，旅客還要考慮保險中的緊急援助條款。如果出現行李、錢包或者證件遺失，緊急救援保障往往能提供幫助。旅客在投保時要瞭解救援機構的救援能力，最好選擇有專業醫療救援背景的保險公司。所以旅客可以諮詢一些公司的國外旅行保障計畫。保險的保障涵蓋最好全面，能夠包括意外身故、殘疾以及搭乘公共交通工具出現的意外。有的保險公司會附加醫藥補償，親人慰問補償、緊急醫療運費及遺體送返。另外，因為罷工、天氣等自然災害而導致的旅程阻礙保障也有賠償。

女性購買什麼樣的保險好

毋庸置疑，無論從哪個角度來看，女性都屬於特殊群體。男人和女人天生便有不同，所以在理財的道路上也有些許不同的特徵。即便是保險理財時，有時候也會出現「男女有別」的現象。所以，在女性為自己挑選理財產品前，先要知曉自己和男人究竟差在哪兒？

在定期壽險購買中，女性的保費更便宜些。這是因為由於同齡女性的死亡率相對低，所以在不少商業保險公司的保險產品價格制訂中，尤其是定期壽險或房貸壽險兩類保單中，女性購買要比男性更便宜。

不過，女性也不要盲目地偷笑，因為並不是每款定期壽險都是女性比男性便宜。不少公司的定期壽險，就不分男女採取同一費率。其中的原因，最主要是因為除了依據生命表，各家保險公司還會根據自己多年營運下來，實際統計的男性和女性理賠發生率有關。

在養老保險上，女性則比男性存有劣勢了。買同一款養老險特別是養老年金險產

品，女性購買會比較貴，而男性購買則相對便宜一些。這是因為，一般女性群體的平均預期壽命比男性要長一些。據統計，女性會比男性長壽六年。因此，如果是養老險特別是養老年金險，尤其是不限制領取次數的產品，那麼同齡投保女性的可領取年齡比男性很可能會多上幾年，這也就是相對增加保險公司的負擔和風險。因此，在養老險產品上，保險公司更願意向男性「多點折扣」，同時向女性收取較高的費率。

而一些公司出的女性「專享」險種，則是直接針對女性的。除了養老險、定期壽險等一些險種，男性和女性投保同一款產品時會表現出差異外，一些保險公司產品本身的特性設計上，也紛紛打出了「性別牌」。

比如，近年來發展出來的各種「女性險」，一方面更有針對性，增加了一些女性特有疾病，如女性特有的乳腺癌、子宮肌瘤等疾病，和女性的特殊時期的保障，如結婚、懷孕、生小孩、坐月子期間，以及女性因遭受意外事故而需接受整形手術治療時的費用保障等，另一方面也去掉了一些並不適用於女性的保險功能，保費相對更合理些。這些產品大大的吸引了女性投保者。但是面對眼花撩亂的女性產品，女性朋友們該購買哪些呢？專家建議，這種情況下，女性可以根據自己的年齡、收入及家庭狀況選擇適合自己的險種。

單身女性：剛出校園的女孩子多是參加工作不久，收入相對較低或沒有收入。雖然沒有家庭負擔，但一旦發生意外，抗風險能力較弱。因此應該選擇意外險、健康險和養老保險，健康險裡應該包括女性疾病保險等。如果考慮到父母的養老問題，還可以選擇定期壽險。

結婚還沒有寶寶的女性：女性結婚之後，雖然還沒有小寶寶，但是家庭責任也日益增加，除基本的意外和定期壽險產品外，應優先考慮重大疾病保障，以免發生意外給家庭生活造成影響。

懷孕婦女：保險市場上針對孕婦及新生兒提供的保險有兩種，一種是附加母嬰險，另一種是專門的母嬰險。附加母嬰險做為附險，通常在女性投保了長期健康險或者壽險後才能投保，保險期限和繳費期限比較長，對於妊娠期疾病、新生兒先天性疾病等提供保障。後者可以單獨投保，孕婦通常做為第一被保險人，新生兒做為第二被保險人。這兩種保險要看孕婦個人情況而定。尤其要注意拒保事項。

孩子媽媽：對有孩子的中年女性來說，要從家庭財務、健康醫療、子女教育、退休養老等方面考慮保險規劃。首先，要購買專門的女性重大疾病險，保障期限最好長一些；其次，應購買保障性高的終身壽險或含理財功能的養老保險，特別是一些組合產品

或計畫，保障全面，收益相對穩定。

單身母親：單身母親的辛苦如人飲水，她們要支撐家庭、供養小孩，責任極重，因此保障應最為全面。基本的意外險、定期壽險以及重大疾病保障應盡量配備。另外，可以為孩子選擇一款具有理財功能的壽險產品，在不幸發生意外時，為孩子提供教育資金。

總之，因為女性身體等的特殊性，購買保險要根據不同需求、不同階段以及自身來決定。

國家圖書館出版品預行編目資料

20、30、40歲，讓你每個十年都富有／郭勝安著
－－第一版－－ 臺北市：宇河文化 出版；
紅螞蟻圖書發行，2010.7
面　　公分－－(人生 A+；7)
ISBN 978-957-659-789-3 (平裝)

1.理財 2.投資

563　　　　99010813

人生 A+7

20、30、40歲，讓你每個十年都富有

作　　者／郭勝安
美術構成／Chris' Office
校　　對／賴依蓮、楊安妮、朱慧蒨
發 行 人／賴秀珍
榮譽總監／張錦基
總 編 輯／何南輝
出　　版／宇河文化出版有限公司
發　　行／紅螞蟻圖書有限公司
地　　址／台北市內湖區舊宗路二段121巷28號4F
網　　站／www.e-redant.com
郵撥帳號／1604621-1　紅螞蟻圖書有限公司
電　　話／(02)2795-3656（代表號）
傳　　真／(02)2795-4100
登 記 證／局版北市業字第1446號
港澳總經銷／和平圖書有限公司
地　　址／香港柴灣嘉業街12號百樂門大廈17F
電　　話／(852)2804-6687
法律顧問／許晏賓律師
印 刷 廠／鴻運彩色印刷有限公司
出版日期／2010年 7月　第一版第一刷

定價 260 元　港幣 87 元

ISBN 978-957-659-789-3　　　Printed in Taiwan